AF546538

Amina Rudicil

KREOLISCHES
· KOCHBUCH ·

Alle Ratschläge in diesem Buch wurden vom Autor und vom Verlag sorgfältig erwogen und geprüft. Eine Garantie kann dennoch nicht übernommen werden. Eine Haftung des Autors beziehungsweise des Verlags für jegliche Personen-, Sach- und Vermögensschäden ist daher ausgeschlossen.

Copyright © 2024
Email: info@edition-lunerion.de
www.edition-lunerion.de

Alle Rechte, insbesondere das Recht der Vervielfältigung und Verbreitung der Übersetzung, vorbehalten. Kein Teil des Werkes darf in irgendeiner Form (durch Fotokopie, Mikrofilm oder ein anderes Verfahren) ohne schriftliche Genehmigung des Verlages reproduziert oder unter Verwendung elektronischer Systeme gespeichert, verarbeitet, vervielfältigt oder verbreitet werden.

Psiana eCom UG
Berumer Str. 44
26844 Jemgum

Vorwort

Geschmacksintensiv, würzig, frisch, exotisch und immer mit dem unnachahmlichen Flair von Traumurlaub und Strandparadies: Das sind die verführerischen Eigenschaften der kreolischen Küche und das Beste daran? Dafür müssen Sie nicht einmal ins Flugzeug steigen, sondern können sich mit diesem Kochbuch die ganze Vielfalt ganz einfach auf den eigenen Tisch zaubern!

Kokos, Ananas, Mango & Co. in Hülle und Fülle, feinster Fisch aus dem Ozean, außergewöhnliche Gewürzkombinationen, die traditionelle Raffinesse der Inseln in Indik, Karibik und Westafrika sowie französische, spanische und niederländische Einflüsse: Diese einzigartige Verbindung sorgt für den Geschmacksreichtum der sogenannten kreolischen Küche und begeistert längst Menschen rund um den Globus. Leichte frische Salate, würzige Suppen, deftig-raffinierte Fleischgerichte, verführerischer Fisch, Veggie-Leckereien in Hülle und Fülle sowie wie Desserts & Drinks sorgen in diesem Kochbuch für karibisches Lebensgefühl und bringen einen Hauch Exotik in Ihren Alltag. Ob Sie eine leichte Mahlzeit suchen, sich zum Feierabend eine unkomplizierte Leckerei gönnen möchten oder so richtig herzhaft-deftig schlemmen wollen, hier entdecken Sie reichlich Inspirationen für jede Situation und das Ganze ist auch noch absolut alltagstauglich.

Guten Appetit!

INHALT

Exotische Aromen aus der kreolischen Küche 1

Entstehungsgeschichte *1*

Charakteristik der kreolischen Küche *2*

Frühstück 5

Crêpes Créoles / Frühstückshappen *6*

Pecan Chocolate Cake / Pekannuss-Schoko-Kuchen *7*

Creole Burger / Kreolischer Burger *8*

Bol Renversé / Wunderbowl *10*

Ladob / Süße Kartoffeln *11*

Mkatra Foutra / Kokosfladen *12*

Gruau de la Passion / Aprikosen-Maracuja-Grütze *13*

Maïs en Crème / Milchmais *14*

Salate 15

Salade de Céleri / Fruchtiger Selleriesalat *16*

Salade Ourite / Oktopussalat *17*

Tamarinade / Tamarinden-Ananas-Salat *18*

Lalo Salade / Okra-Tomaten-Salat *19*

Salade de Mangue / Mangosalat *20*

Salade de Fruits / Obstsalat *21*

Salade de Melon Bigarrée / Bunter Melonensalat *22*

Salade de Langoustines / Langustensalat *23*

Suppen 24

Callalou / Spinatsuppe *25*

Cari / Auberginen-Kichererbsen-Topf *26*

Soupe l'Avocat / Kalte Avocadosuppe *27*

Soupe Épinards-Coco / Spinat-Kokos-Suppe *28*

Soupe de Tomates / Tomatensuppe *29*

Soupe aux Cacahuètes / Erdnusssuppe 31
Fajeto / Mangosuppe 32
Potage de Maïs / Maissuppe 33

Brote 34
Pan Plano Cari / Fladenbrot mit Garnelencurry 35
Monkey Bread / Brotkuchen 36
Saada Roti / Guyanisches Brot 38
Rollitos / Curryblätterbrötchen 39
Paraata Roti / Geschichtetes Brot 40
Brioches à la Mangue / Mango-Brioches 42

Hauptgerichte mit Fleisch & Geflügel 43
Gumbo de Poulet / Hähncheneintopf 44
Pollo de Samoa / Hähnchen Samoer Art 45
Curry de Dinde / Putencurry 46
Caribbean Carpaccio / Karibisches Carpaccio 47
Zembrocal / Speckrei 48
Ropa Vieja / Gezupfter Schmorbraten 49
Albóndigas Criollas / Kreolische Klopse 51
Medallones de Cerdo / Schweinemedaillons 52
Jambalaya / Kreolische Reispfanne 53
Rougail Boucané / Tomatige Schweinebrust 54

Hauptgerichte mit Fisch & Meeresfrüchten 55
Caribbean Shrimps / Garnelenpfanne 56
Poisson Créole / Kreolischer Fisch 57
Crawfish Étouffée / Gedünstetes Krebsfleisch 58
Dhon Riha / Thunfischcurry 59
Accras / Fischbällchen 60
Crevettes à la Crème / Curry-Sahne-Shrimps 61
Cazuela / Fischtopf 62

Vegetarische Hauptgerichte....................................63
Riz Frit / Gebratener Reis.. *64*
Gratin de Chou Chou / Kürbis-Chayote-Gratin.................................... *65*
Igname Glacée / Glasierte Yamswurzel... *66*
Marmite de Légumes / Gemüsetopf.. *67*
Creole Pasta / Kreolische Pasta.. *68*
Boulettes de Patates / Süßkartoffelklöße....................................... *69*
Cassava / Maniokbällchen... *70*

Vegane Hauptgerichte 71
Caribbean Dhal Puri / Würzige Teigfladen....................................... *72*
Touffé Bringel / Geschmorte Aubeergine... *74*
Lentejas / Cremige Linsen.. *75*
Fruit Pain Frit / Gebratene Brotfrucht... *76*
Potée de Plantains / Kochbananentopf... *77*
Gratin d'Aubergines / Auberginenauflauf.. *78*
Arroz Caribe / Karibischer Reis.. *79*
Curry Gombo / Okra-Möhren-Curry.. *80*
Mattar Batata / Süßkartoffel-Erbsen-Topf....................................... *81*

Fingerfood & Snacks 82
Samoussas / Gefüllte Teigtaschen... *83*
Torres de Coco / Kokostürme.. *84*
Mofo Sakay / Scharfe Teigbällchen.. *85*
Crevettes Croustillantes / Frittierte Garnelen................................. *86*
Biscuits à la Semoule / Kokosgrießplätzchen.................................... *87*
Boules de Batida / Batidakugeln.. *88*
Feuilletés / Joghurt-Blätterteigschnitten...................................... *89*
Puces Frit / Süßkartoffel- und Bananen-Chips.................................. *90*
Calas / Milchreisbällchen.. *91*

Desserts 92

Gâteau Patate / Süßkartoffelkuchen 93
Tarta de Merengue / Baisertorte 94
Tartelettes aux Macarons / Makronentörtchen 96
Tarta de Fruta / Maracuja-Granatapfel-Torte 98
Gobelet Piña Colada / Piña-Colada-Becher 100
Mousse de Mangue / Mango-Mousse 101
Grañones de Melón / Melonengrütze 102
Savarin / Mojito-Gugelhupf 103
Mangue Flambée / Flambierte Mango 105
Figues au Vin / Portweinfeigen 106

Getränke 107

Rhumpunsch / Rumpunsch 108
Karaa Fani / Melonen-Kokos-Drink 109
Thé Cardamome / Kardamom-Chaitee 110
Mojito à l'Orange / Orangenmojito 111
Ponche de Caipirinha / Caipirinha-Bowle 112
Cocktail d'Oranges / Orangencocktail 113
Ananas Blue / Ananaslagune 114
`Ti Punch / Litschi-Punsch 115
Rhum Arrangé / Fruchtrum 116

Soßen, Cremes & Dips 117

Salsa Roja / Scharfe rote Soße 118
Lasary Limon / Eingelegte Zitronen 119
Satini Coco / Kokoschutney 120
Piment Limon / Chilipaste 121
Satini Cotomili / Korianderchutney 122
Dip au Citron Vert / Limettendip 123
Rougail / Tomatenchutney 124

Salsa aux Fruits | Exotische Fruchtsalsa 125
Ron-y-Vainilla | Vanille-Rum-Soße 126
Baño Mojito | Mojitodip 127
Crema de Aguacate | Avocadodip 128
Sauce Créole | Kreolische Soße 129

Exotik aus der kreolischen Küche

Vorab darf erwähnt werden, dass in verschiedenen Regionen gleichnamige Gerichte mit etwas variierender Zutatenliste oder Zubereitung auf dem Tableau stehen. Dies ist dem unterschiedlichen Einfluss des Standorts auf das grundlegende Rezept geschuldet. Denn kreolische Rezepte werden stets von den lokalen Gegebenheiten inspiriert.

ENTSTEHUNGSGESCHICHTE

Es fing damit an, dass einige europäische Nationen zur Blüte ihrer Seemacht und dem Aufkommen erster globaler Gedanken über die Ozeane in die weite Welt fuhren. Sie entdeckten bis dato unbekannte Areale im Meer und somit auch abgelegene Inseln. Sie betraten auf diesem Weg auch manch anderen Kontinent.

Aus der Philosophie, mehr Kolonien für den eigenen Reichtum und die große Vielfalt zu erhalten, siedelten sich einige Vertreter der führenden Kolonialmächte in diesen Regionen an und brachten natürlich stets ein wenig eigene kulinarische Traditionen mit. Das Ringen um die Weltherrschaft führte die Seefahrer auch gen Subkontinent Indien und weiter hinaus zu den damals entlegenen Inselgruppen. Zudem waren auch die über den Atlantik verhältnismäßig einfach zu erreichenden Ziele an der afrikanischen Küste und rund um die Karibik in der neuen Welt begehrt. Genau aus diesem Grund verbinden wir die kreolische Küche mit diesen vier Hauptsäulen:

- Inseln im Indik
- Westafrika
- Karibik
- Südstaaten der USA

Natürlich gibt es noch einige andere kleine Regionen, die kreolische Küche zelebrieren – insbesondere bei den Koordinaten der gefühlt tausenden Atollen in Mikronesien und Polynesien im Pazifik. Da bleibt noch die Frage, warum die USA als eine der tragenden Säulen der kreolischen Küche angesehen wird? Vor allem hängt es in der Einwanderung vieler Einwohner dieser Inseln aus Indik und Karibik in die USA zur Verbesserung der eigenen Lebensumstände zusammen. Und tatsächlich fanden die Einwanderer der Vereinigten Staaten einerseits sehr frequentiert über die Südstaaten und den gemeinsamen Nenner Golf von Mexiko direkt nach New Orleans – ganz bekannt für kreolische Küche – und weiter durch die Landschaften Louisianas und angrenzender Bundesstaaten. Andererseits führte der Weg der Immigranten von der Westküste historisch bedingt durch viele Farmen in diese Regionen. Zusätzlich zieht die kulturelle Verbundenheit dieser Regionen die Insulaner aus dem Indik heutzutage in dieses Domizil.

CHARAKTERISTIK DER KREOLISCHEN KÜCHE

Die Kombination zahlreicher kulinarischer Einflüsse schenkt dem Gaumen eine besonders leckere Vielfalt und eine immense Auswahl. Dieses Kochbuch über kreolische Rezepte vermag daher, nur einen Einblick und ein neugieriges Fenster auf diese besondere Küche zu bereiten. Und dennoch finden sich einige Merkmale, welche die Mehrheit der Gerichte aus unterschiedlichen Regionen dennoch vereint:

- Präsenter Bezug zum Meer (Fisch und Meeresfrüchte)
- Hohe Wertigkeit nährstoffreicher regionaler Gemüsesorten
- Liebe zu frischen Kräutern und Gewürzen

Der Bezug zum Wasser liegt in der insularen Herkunft begründet. Zudem wird der Fokus in weniger infrastrukturell erschlossenen Gegenden deutlicher auf die Agrarwirtschaft und die mitunter kreative Weiterverarbeitung ihrer Produkte gelegt. Ein bitterer Beigeschmack: Creole bezeichnet eine französischstämmige Sklavensprache. Als Namenspatron für die kreolische Küche lässt sich der Bezug zu den auf dem Acker schuftenden Arbeitern aus Afrika und kolonialisierten Gebiete leicht erkennen. Die Raffinesse dieser Küche entstand daher über Dekaden aus einem Elend der Sklaven heraus, über nahezu nichts zu verfügen. Jetzt ist auch gleich die oben erwähnte historisch bedingte Ansiedlung der kreolischen Küche in den Südstaaten kurz erklärt. Als Konsequenz ergab sich im kulinarischen Hinblick eine aromatische Speisensammlung. Frisch, aromatisch und gesund – das passt doch perfekt in den Ernährungstrend! Da fragt sich, weshalb sich diese Art der Speisenzubereitung in Europa immer noch nicht wirklich durchgesetzt hat. Die Gerichte setzen sich ursprünglich aus einem Überfluss an regionalen Nahrungsmitteln zusammen:

- Tropische / Subtropische Früchte (Kochbananen, Mango, Ananas etc.)
- (Süß-)Kartoffeln
- Okraschoten
- Hülsenfrüchte
- Fisch
- Kokosmilch

Aber natürlich zählt ebenso Fleisch auf dem Tagesplan. Wer genauer hinsieht, wird eines erkennen: Rotes Fleisch steht eher weniger auf der Menükarte. Zum einen waren diese Fleischquellen mit einer erheblichen Investition verbunden. Und schließlich bekamen Sklaven eher qualitativ minderwertige Produkte zur Speisung. Andererseits ermöglichte die Nähe der Unterkünfte in den Randgebieten der Grundbesitztümer eine simple Quelle zu zahlreichen umherstreifenden Hühnervögeln. Des Weiteren war die Präsenz von Rind in den Herkunftsländern der Immigranten eher irrelevant.

Hinweis: Rund um New Orleans gibt es einen erheblichen Unterschied zur ebenso ansässigen Cajun-Küche: die Orientierung der kreolischen Küche an der traditionellen französischen Cuisine. Tatsächlich werden existenzielle Unterschiede zwischen der Herkunft Einwanderungsroute Indik-Karibik-Südstaaten und der frankokanadischen Immigration vollzogen. Letztere ist in der Cajun-Küche wiederzuentdecken. Dennoch finden sich beide Gruppen am Beispiel von New Orleans am selben Ort.

Drei auch im europäischen Raum als heilige Dreifaltigkeit der Zutaten (Holy Trinity) angesehene Zutaten werden nunmehr eher überraschen – sind sie gar nicht so exotisch und dennoch in sehr vielen Gerichten vertreten: Paprika, Staudensellerie und Zwiebeln. Wer jetzt noch ein wenig karibische Würze in das Essen bringt, hat fast schon eine typisch kreolische Speise zubereitet. Auch bei der Lektüre der Rezepte im Kochbuch wird eines schnell klar: Kreolisch kochen kann jeder! Die Zubereitung ist nicht schwer, sie ist in der Regel zeitgünstig veranschlagt und beschert dennoch ein ganz explosives Gaumenerlebnis ... Probieren Sie es aus!

Man könnte schnell munkeln, dass die kreolische Küche den Ausgangspunkt moderner Bezeichnungen wie Fusionsküche oder Ost-West-Kulinarik darstellt. Denn tatsächlich treffen verschiedene Regionen mit ihren Traditionen an einem Herd aufeinander.

Frühstück

CRÊPES CRÉOLES |

FRÜHSTÜCKSHAPPEN

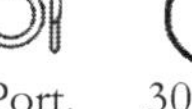

2 Port. 30 Min. Leicht

Zutaten

100 g Shrimps
100 g Cocktailtomaten
60 g Vollkornmehl
250 ml Milch
2 Knoblauchzehen
2 Eier
2 grüne Peperoni
1 rote Paprika
½ Bund Petersilie
Je 2 EL grüne und schwarze Oliven
2 EL Pflanzenöl
2 Prisen Salz
1 Prise Pfeffer

Küchenutensilien:
1 Tasse
1 Handmixer
1 Schüssel
1 Pfanne

Nährwerte p. P.

410 kcal
25 g Kohlenhydrate
24 g Fett
23 g Eiweiß

1 Paprika sowie Peperoni putzen und zu feinen Streifen schneiden. Tomaten waschen und zu feinen Scheiben schneiden. Oliven entsteinen und die Shrimps abspülen sowie abtupfen. Petersilie waschen, trocken schütteln und fein hacken. Knoblauch schälen und fein hacken.

2 In einer Tasse werden die Eier getrennt. Das Eiweiß wird steif geschlagen. Die Eigelbe werden folglich in einer Schüssel mit dem Mehl, Salz und der Milch zu einem homogenen Teig verarbeitet.

3 Die Zutaten aus Schritt 1 in den Teig geben und alles unterrühren. Mit je 1 Prise Salz und Pfeffer wird das Ganze nochmals gewürzt.

4 In einer Pfanne pro Ration ½ EL Öl aufheizen. Darin braten nacheinander die Teigfladen goldbraun an. Vor dem Servieren werden die Pfannkuchen zu kleinen Stücken zerrissen.

PECAN CHOCOLATE CAKE | PEKANNUSS-SCHOKO-KUCHEN

12 Port. | 1 Std. 35 Min. | Leicht

Zutaten

550 g Butter
220 g Bitterschokoladen-kuvertüre
200 g Pekannüsse
180 g Zucker
100 g Amaretti
100 g Puderzucker
7 Eier
3 EL Rum
1 EL Vollkornmehl
1 Prise Salz

Küchenutensilien:
2 Schüsseln
1 Topf
1 Metallschüssel
1 Schneebesen
1 Springform (etwa 28 cm Durchmesser)
Backofen

Nährwerte p. P.

600 kcal
30 g Kohlenhydrate
52 g Fett
4 g Eiweiß

1 Als Erstes 120 g Kuvertüre zerbröckeln. In einer Metallschüssel wird das Ganze über einem Topf mit 250 ml kochendem Wasser geschmolzen.

2 Im zweiten Topf werden 150 g Butter geschmolzen. Die Butter kühlt etwas ab. Amaretti zerkrümeln. 150 g der Nüsse werden fein gehackt.

3 Eier in zwei Schüsseln trennen. Die Eigelbe mit 100 g Zucker cremig verrühren. Folglich werden die Butter und Kuvertüre aus Schritt 1 und 2 in dieser Masse untergehoben. Danach werden die verarbeiteten Nüsse und die Amaretti damit vermischt.

4 Der restliche Zucker und das Salz landen in der Schüssel mit dem Eiklar. Alles gut mischen und steif schlagen. Das Ganze wird der Schoko-Ei-Masse sehr vorsichtig untergehoben.

5 Backofen auf 180 °C Ober- / Unterhitze einstellen. Die Springform einfetten und folglich mit Mehl bestäuben. Jetzt wird der Biskuit eingefüllt. Der Kuchen backt für 50 Minuten im Ofen. Anschließend erkaltet der Kuchen in der Form.

6 Die restliche Kuvertüre zerkleinern und im Wasserbad verflüssigen. Sie kühlt leicht aus. In einer gesäuberten Schüssel werden die übrige Butter und der Puderzucker gut vermischt. Darunter werden der Rum und die Kuvertüre gerührt. Alles wird etwa 4 - 5 Minuten cremig geschlagen.

7 Biskuit aufschneiden. Auf den Boden wird die Hälfte der Creme gestrichen. Das Oberteil aufsetzen und den Rest der Creme rund um den Kuchen streichen. Die übrigen Nüsse dienen der Garnierung.

CREOLE BURGER |

KREOLISCHER BURGER

4 Port.

1 Std. 15 Min.

Leicht

Zutaten

500 g Mango (etwa 1 Stück)
500 g Hackfleisch
4 Burgerbrötchen (mit Sesam)
2 Limetten
2 rote Chili
2 Frühlingszwiebeln
1 Fleischtomate
1 Römersalatherz
3 EL Pflanzenöl
1 TL gemahlener Kreuzkümmel
1 TL gemahlener Koriander
1 TL Kurkumapulver
Je 1 Prise Salz und Pfeffer
ein paar Spritzer roter Tabasco

Küchenutensilien:
1 Becher
1 Schüssel
1 Pfanne
1 Backofengitter
Backofen

Nährwerte p. P.

394 kcal
36 g Kohlenhydrate
13 g Fett
32 g Eiweiß

1 Mango schälen sowie der Länge nach vom Stein schneiden. Eine Hälfte davon wird klein gewürfelt. Das restliche Fruchtfleisch wirdpüriert.

2 Limetten heiß abspülen. Es wird nun 1 EL Schalenabrieb erzeugt. Danach werden sie in einen Becher ausgepresst. 6 EL Limettensaft, das Mangopüree, die Fruchtwürfel und die Limettenschale in einer Schüssel vermischen.

3 Chili putzen und der Länge nach halbieren. Sie wird entkernt und fein gewürfelt. Frühlingszwiebeln putzen und den weißen wie den grünen Anteil zu dünnen Ringen verarbeiten. Beides landet in der Mangosalsa. Dazu gehören ein paar Spritzer Tabasco. Das Ganze mariniert etwa 30 Minuten zugedeckt.

4 Tomate waschen, abtrocknen sowie eine dünne Scheibe oben wie unten abschneiden. Jetzt wird sie zu 4 gleich dicken Scheiben geschnitten. Salat zerteilen, waschen und die Blattrippen ein wenig platt drücken oder mit dem Messer flach schneiden.

5 Das Hackfleisch wird mit Koriander, Kreuzkümmel und Kurkuma gewürzt. Anschließend werden 4 gleich große Portionen erzeugt. Sie werden zu runden Fladen von etwa 10 cm Durchmesser geformt.

6 Backofen auf 140 °C Grillstufe einstellen. Brötchen aufschneiden und mit der Innenfläche nach oben 3 - 4 Minuten hellbraun rösten. Sie kühlen folglich ab.

7 In einer Pfanne wird das Öl auf Temperatur gebracht. Darin brät das Hackfleisch von jeder Seite etwa 3 Minuten bei starker Hitze.

8 Jetzt wird auf die untere Brötchenhälfte je 1 EL Mangosalsa gestrichen. Darauf landen erst die Salatblätter und die Tomatenscheiben. Die Hackpattys werden von beiden Seiten gesalzen sowie gepfeffert und landen auf dem Brötchen. Jetzt bis zu 2 EL Salsa on top geben und den Brötchendeckel auflegen.

BOL RENVERSÉ |

WUNDERBOWL

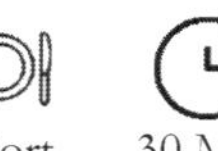

4 Port. 30 Min. Leicht

Zutaten

600 g Reis
400 g Pak Choi (oder Mangold oder Spitzkohl)
300 g Hähnchenbrust
200 g Champignons
100 g Babymais
100 g Möhren
400 ml Wasser
4 Eier
3 kreolische Blutwürste
4 EL Austernsoße
4 EL Weißwein
2 EL Pflanzenöl
1 EL dunkle Sojasoße
4 Prisen Salz
3 Prisen Pfeffer

Küchenutensilien:
2 Kochtöpfe
1 Pfanne

Nährwerte p. P.

487 kcal
49 g Kohlenhydrate
18 g Fett
31 g Eiweiß

1 Reis entsprechend der Verpackungsangabe im Kochtopf mit 1 l gesalzenem Wasser kochen.

2 In einer Pfanne werden die 4 Eier zu Spiegeleiern zubereitet. Sie werden mit je ½ Prise Salz und Pfeffer gewürzt. Derweil Babymais abspülen, abtupfen und mit den geputzten Pilzen zu Scheiben schneiden. Möhren schälen, der Länge nach halbieren sowie ebenfalls zu Scheiben verarbeiten.

3 Derweil wird das Öl im zweiten Topf auf Temperatur gebracht. Hähnchenfleisch abspülen, abtupfen sowie eventuell von Sehnen befreien. Es wird zu Scheiben geschnitten und landet für 5 Minuten im Öl. Alles mit 1 Prise Salz und Pfeffer würzen. Es wird dem Topf entnommen und beiseitegelegt.

4 Würste zu Scheiben schneiden und unter Rühren für circa 30 Sekunden in den Topf geben. Möhren, Pilze sowie Mais dazugeben. Alles kocht etwa 1 Minute. Derweil wird der Pak Choi geputzt und gehackt.

5 Jetzt kehrt das Hähnchenfleisch in den Topf zurück. Austernsoße und Wein angießen. Alles durchmischen und die Sojasoße angießen. Pak Choi untermischen und den Topf mit dem Wasser auffüllen. Den Deckel auflegen und das Ganze köcheln, bis die Flüssigkeit verdampft ist.

6 Darunter wird der Reis gemischt. In den Schalen verteilt, wird das Spiegelei aufgelegt.

LADOB |

SÜSSE KARTOFFELN

4 Port.

30 Min.

Leicht

Zutaten

400 g Süßkartoffeln
400 ml Kokosmilch
3 Zimtstangen
1 Vanilleschote
1 EL Vollrohrzucker
½ TL frisch geriebene Muskatnuss
1 Prise Meersalz

Küchenutensilien:
1 Topf mit Deckel

Nährwerte p. P.

383 kcal
34 g Kohlenhydrate
25 g Fett
4 g Eiweiß

1 Kartoffeln schälen sowie der Länge nach zu Achteln schneiden. Vanille der Länge nach aufschlitzen und deren Mark herausschaben.

2 In einem Topf werden die Kartoffelstücke eng aneinandergelegt. Sämtliche Gewürze daraufstreuen. Mark wie Schote der Vanille hinzufügen und die Zimtstangen dazwischenstecken. Folglich wird mit der Milch aufgefüllt.

3 Den Inhalt aufkochen. Er köchelt bei offenem Deckel 10 Minuten. Deckel auflegen und alles bei niedriger Hitze nochmals 10 Minuten eindicken. Es sollte eine dickflüssige und leicht hellbraune Soße entstehen.

MKATRA FOUTRA |

KOKOSFLADEN

10 Port.

1 Std. 15 Min.

Leicht

Zutaten

400 g Vollweizenmehl
400 ml Kokosmilch
1 Ei
1 Packung Trockenhefe
2 ½ EL Pflanzenöl
2 ½ EL Sesamsamen
2 EL warmes Wasser
1 EL flüssiger Honig (oder Sirup)
1 TL Zucker
½ TL Meersalz

Küchenutensilien:

1 Rührschüssel
1 Teigschaber
1 Pfanne
Frischhaltefolie

Nährwerte p. P.

265 kcal
26 g Kohlenhydrate
15 g Fett
7 g Eiweiß

1 In der Rührschüssel wird die Hefe im warmen Wasser aufgelöst. Das Ganze zieht 5 Minuten durch. Folglich Mehl, Zucker, Salz und das verquirlte Ei dazugeben.

2 Mittels Teigschaber wird die Milch nun untergerührt. Es soll ein leicht bröseliger Teig entstehen. Abgedeckt mit Frischhaltefolie ruht der Teig etwa 1 Stunde an einem warmen Standort.

3 In einer Pfanne pro Ration ½ TL Öl aufheizen. Aus dem Teig kleine Nocken formen. In der Pfanne werden sie mit einem Löffel in eine runde Form gebracht. Jeweils ½ TL Sesam pro Ration aufstreuen und leicht andrücken.

4 Die Fladen werden 4 - 5 Minuten pro Seite gebacken. Sie gehen auf und werden goldbraun. Am besten werden sie folglich warm mit Honig serviert.

GRUAU DE LA PASSION |

APRIKOSEN-MARACUJA-GRÜTZE

4 Port.

25 Min.

Leicht

Zutaten

500 g Aprikosen
40 g Sagostärke (oder Speisestärke)
400 ml Orangensaft
100 ml Maracujasirup
½ Vanilleschote
½ Zitrone
2 EL Zucker

Küchenutensilien:
1 Schüssel
1 Topf

Nährwerte p. P.

154 kcal
35 g Kohlenhydrate
1 g Fett
2 g Eiweiß

1 In einer Schüssel quellt das Sago in kaltem Wasser.

2 Vanille aufschlitzen und das Mark herauskratzen. Zitrone heiß abspülen und von der Schale Abrieb erzeugen. Sie wird anschließend in einen Topf ausgepresst. Darin kochen Vanillemark, Zitronenschale mit Saft und Sirup auf. Zucker unterrühren und das abgetropfte Sago hinzufügen. Alles aufkochen. Der Topfinhalt quellt unter gelegentlichem Umrühren anschließend etwa 15 Minuten.

3 Aprikosen waschen, halbieren und das Fleisch vom Stein lösen. Sie werden zu Spalten geschnitten. Sie garen die letzten 5 Minuten im Topf mit. Folglich kühlt alles aus.

Tipp: Diese Grütze passt perfekt zu der kreolischen Version von „Armer Ritter“. Dazu werden 250 ml Milch, 2 aufgeschlagene Eier, 2 EL Zucker und 1 Prise Salz in einer Schüssel verquirlt. 8 „alte“ Brotscheiben saugen sich darin voll. Nun wird das Brot in 100 g Kokosraspeln gewälzt. In je 100 ml Pflanzenöl pro Ration backen die Scheiben von allen Seiten in etwa 3 – 4 Minuten goldbraun. Auf dem Küchenpapier tropfen sie ab und werden final mit 3 EL Zucker bestreut.

MAÏS EN CRÈME | MILCHMAIS

4 Port. 45 Min. Leicht

Zutaten

300 g Mais (Dose)
120 g Schlagsahne
20 g geriebener Parmesan
120 ml Milch
2 Stängel Koriandergrün (oder Petersilie)
2 EL Frischkäse
1 EL Vollkornmehl
1 EL Butter
2 TL Zucker
Je 1 Prise Salz und Pfeffer

Küchenutensilien:
1 Sieb
1 Kochtopf
1 Schüssel

Nährwerte p. P.

210 kcal
11 g Kohlenhydrate
15 g Fett
6 g Eiweiß

1 Der Mais tropft in einem Sieb. Nachher wird er mit der Sahne, dem Zucker und der Butter in einem Kochtopf aufgekocht. Alles salzen, pfeffern und gut umrühren.

2 Derweil wird das Mehl in eine Schüssel gesiebt. Milch auffüllen und das Ganze glatt rühren. Die Mischung wird dem Topf eingerührt. Temperatur reduzieren und alles bis zur gewünschten Konsistenz köcheln.

3 Final werden Frischkäse sowie Parmesan untergerührt. Petersilie waschen, trocknen und deren abgezupfte Blätter als Garnierung verwenden.

Salate

SALADE DE CELERI |

FRUCHTIGER SELLERIESALAT

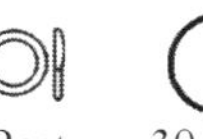

4 Port. 30 Min. Leicht

Zutaten

750 g Pfirsiche
250 g Staudensellerie
200 g Putenbrust
150 g Sahnejoghurt
2 Avocados
5 EL Orangensaft
2 EL Zitronensaft
1 EL Salatmayonnaise
1 TL Orangenschalenabrieb
Je 1 Prise Zucker, Salz, Cayennepfeffer und Pfeffer

Küchenutensilien:
1 Topf
1 Schüssel
1 Sieb
1 Standmixer

Nährwerte p. P.

545 kcal
22 g Kohlenhydrate
43 g Fett
18 g Eiweiß

1 Sellerie putzen sowie zu Würfeln schneiden. Das Selleriegrün wird gewaschen, getrocknet und klein gehackt. In einem Topf blanchieren die Gemüsewürfel im gesalzenen Wasser. Folglich schrecken sie in einer Schüssel mit kaltem Wasser ab und tropfen im Sieb ab.

2 Pfirsiche waschen, halbieren sowie vom Stein lösen. Das Fruchtfleisch wird zu Würfeln verarbeitet. Avocados schälen, halbieren und deren Stein entfernen. Die Avocadohälften werden mit dem Zitronensaft eingerieben.

3 Putenbrust abspülen, trocken tupfen sowie zu mundgerechten Stücken zerschneiden.

4 In einem Standmixer werden 100 g Pfirsich mit dem Orangensaft püriert. Das Ganze mit den Gewürzen, Joghurt, der Mayo sowie dem Schalenabrieb vermengen.

5 Sellerie und Pfirsich mischen. Avocado zu Scheiben schneiden und alles mit dem Dressing beträufeln. Final wird das gehackte Selleriegrün on top gegeben.

SALADE OURITE |

OKTOPUSSALAT

2 Port. 1 Std. 15 Min. Leicht

Zutaten

1 kg Oktopus (ohne Kopf, Kauwerkzeuge + abgezogene Haut)
1 l Wasser
2 Lorbeerblätter
1 rote Paprika
1 grüne Chili
1 Tomate
1 Frühlingszwiebel
1 Mango
Saft 1 Zitrone
2 Handvoll Babyspinatblätter
2 EL Olivenöl
2 EL gehackte Petersilie
1 ¼ EL Salz
1 EL schwarze Pfefferkörner
1 TL Honig
½ TL Meersalz
1 Prise frisch gemahlener schwarzer Pfeffer

Küchenutensilien:
2 Schüsseln
1 Kochtopf

Nährwerte p. P.

456 kcal
20 g Kohlenhydrate
15 g Fett
62 g Eiweiß

1 In einem Kochtopf wird im Wasser 1 EL Salz aufgelöst. Das Wasser aufkochen. Lorbeer, Pfefferkörner und Oktopus köcheln etwa 50 - 60 Minuten. Der Oktopus soll weich sein.

2 Paprika putzen, halbieren und deren Kerne entnehmen. Sie wird klein gewürfelt. Chili putzen, entkernen sowie zu dünnen Scheiben schneiden. Tomate waschen, halbieren und von den Kernen befreien. Sie wird ebenso gewürfelt. Frühlingszwiebel putzen und fein hacken. Mango schälen, entsteinen und zu Würfeln verarbeiten.

3 Folglich werden Paprika, Chili, Tomate und Mango in einer Schüssel vermischt. Frühlingszwiebel und Petersilie unterheben.

4 In der zweiten Schüssel werden Zitronensaft, Olivenöl und Honig gut miteinander verrührt. Es wird mit dem gemahlenen Pfeffer und dem übrigen Salz gewürzt.

5 Oktopus aus dem Topf nehmen und direkt mit dem Meersalz einreiben. Er wird nun zu kleinen Stücken geschnitten und in der Gemüseschüssel vermengt.

6 Babyspinat waschen, trocken schütteln und auf dem Teller arrangieren. Darauf wird der Salat gegeben und alles mit dem Dressing beträufelt.

TAMARINADE |

TAMARINDEN-ANANAS-SALAT

6 Port.

1 Std. 15 Min.

Leicht

Zutaten

800 g Ananas
150 g Gurke
1 Mango
1 TL Vollrohrzucker
1 TL Tamarindenpaste
1 TL Chiliflocken
½ TL Meersalz

Küchenutensilien:
1 Schüssel
Mörser & Stößel

Nährwerte p. P.

101 kcal
22 g Kohlenhydrate
1 g Fett
1 g Eiweiß

1 Ananas schälen und das Fruchtfleisch vom Strunk schneiden. Gurke putzen, halbieren sowie deren wässriges Innere entfernen. Mango schälen und vom Stein lösen.

2 Diese drei zubereiteten Zutaten werden nun klein gewürfelt. Chili putzen, die Kerne entnehmen und zu Scheiben schneiden.

3 In einer großen Schüssel werden Gurke, Ananas und Mango gut gemischt. Folglich werden Tamarindenpaste sowie Zucker untergerührt.

4 Im Mörser werden Salz und Chiliflocken zu Chilisalz zerstoßen. Dieses wird unter den Salat gemischt. Dieser zieht nun noch 1 Stunde durch.

LALO SALADE |

OKRA-TOMATEN-SALAT

2 Port.

30 Min.

Leicht

Zutaten

175 g Okraschoten
500 ml Wasser
1 grüne Chili
1 rote Zwiebel
1 Tomate
5 EL Pankomehl (oder Semmelbrösel)
4 EL Olivenöl
1 EL Weißweinessig
1 TL Zucker
Je ½ TL Meersalz und frisch gemahlener schwarzer Pfeffer

Küchenutensilien:

1 Schüssel
1 Topf
1 Backofengitter
1 Pfanne

Nährwerte p. P.

264 kcal
15 g Kohlenhydrate
21 g Fett
4 g Eiweiß

1 Zwiebel schälen sowie zu dünnen Scheiben schneiden. Chili putzen, entkernen und fein hacken. Tomate waschen und zu Scheiben verarbeiten.

2 In einer Schüssel werden Zwiebel, Essig und 3 EL Olivenöl vermengt. Chili, Zucker, Salz und Pfeffer der Flüssigkeit unterrühren. Das Ganze zieht nun 15 Minuten.

3 Okraschoten putzen und trocken tupfen. Sie dämpfen auf einem Gitter über dem heißen Wassertopf für 5 Minuten. Sie sollen bissfest sein.

4 Das Pankomehl brät derweil im restlichen Öl in einer Pfanne goldbraun. Das Ganze mit Salz und Pfeffer bestreuen.

5 Okra entnehmen und vom Strunk befreien. Sie werden zu circa 2 cm langen Stücken geschnitten. Okra und Tomatenscheiben vorsichtig unter den Salat mischen. Das Ganze mit den Bröseln bestreuen.

SALADE DE MANGUE |

MANGOSALAT

4 Port.

2 Std. 25 Min.

Leicht

Zutaten

4 Mangos (möglichst fest)
2 Frühlingszwiebeln
2 Knoblauchzehen
1 rote Chili
Saft 1 Limette
1 Bund Petersilie
3 EL Erdnussöl
1 TL frisch geriebener Ingwer
½ TL Salz
1 Prise frisch gemahlener schwarzer Pfeffer

Küchenutensilien:
1 Schüssel
Frischhaltefolie

Nährwerte p. P.

230 kcal
27 g Kohlenhydrate
13 g Fett
2 g Eiweiß

1 Mango schälen und längs des Kerns das Fruchtfleisch entfernen. Das Mangofleisch in möglichst dünne Scheiben schneiden.

2 Knoblauch schälen sowie fein hacken. Frühlingszwiebeln putzen und zu dünnen Ringen verarbeiten. Chili putzen, der Länge nach aufschneiden und deren Kerne entfernen. Sie wird folglich zu kleinen Würfeln geschnitten.

3 In einer Schüssel werden die Zutaten aus Schritt 1 vermischt. Alles mit der Hälfte Salz und Pfeffer sowie dem Ingwer würzen. Alles mit Limettensaft beträufeln und gut verrühren. Das Ganze kühlt abgedeckt mit Frischhaltefolie für 2 Stunden im Kühlschrank.

4 Petersilie waschen, trocken schütteln und anschließend fein hacken. Die Hälfte der Petersilie und das Öl werden im Salat vermengt. Vor dem Servieren den Rest der Gewürze und die übrige Petersilie aufstreuen.

SALADE DE FRUITS |
OBSTSALAT

6 Port.

1,5 Std.

Leicht

Zutaten

50 g Kokosraspeln
4 Bananen
3 Kiwis
2 Papayas
1 ½ Limetten
1 Mango
1 Vanilleschote
½ Ananas
4 EL Zucker
1 Msp. frisch geriebener Muskat

Küchenutensilien:
1 Schüssel
1 große Schüssel

Nährwerte p. P.

189 kcal
36 g Kohlenhydrate
4 g Fett
2 g Eiweiß

1 Die Vanille der Länge nach aufschneiden und das Mark herausschaben. Es wird in einer Schüssel mit 4 EL ausgepresstem Limettensaft, Muskat und Zucker vermischt.

2 Ananas schälen, zu Scheiben schneiden und deren Strunk entfernen. Papayas schälen, der Länge nach halbieren und die Kerne herausnehmen. Sie werden zu Spalten verarbeitet. Mango schälen, vom Stein lösen und das Fruchtfleisch ebenso zu Scheiben schneiden. Kiwis schälen sowie zu Scheiben verarbeiten.

3 Die Früchte werden in der zweiten Schüssel mit dem Dressing aus Schritt 1 vermischt. Alles zieht etwa 1 Stunde durch.

4 Direkt vor dem Servieren Bananen schälen und zu Stücken schneiden. Sie werden in 1 EL Limettensaft gewälzt und dem Fruchtsalat untergemischt. Das Ganze wird mit den Kokosraspeln bestreut.

SALADE DE MELON BIGARRÉE |

BUNTER MELONENSALAT

4 Port. 20 Min. Leicht

Zutaten

800 g Zuckermelone
400 g Wassermelone
1 Packung Vanillezucker
1 Bund Minze
4 EL Limettensaft
2 EL Puderzucker
1 EL Limettenschalenabrieb

Küchenutensilien:
2 Schüsseln

Nährwerte p. P.

92 kcal
20 g Kohlenhydrate
1 g Fett
2 g Eiweiß

1 Beide Melonensorten halbieren, von der Schale trennen und den Kernen befreien. Sie werden zu mundgerechten Stücken geschnitten.

2 In einer Schüssel werden Schalenabrieb, Limettensaft und die beiden Zuckerarten gut miteinander vermischt. Das süße Dressing wird unter die Melonenstücke gerührt.

3 Minze waschen und trocknen. 4 Minzblätter werden als Garnierung zur Seite gelegt. Der Rest wird zu dünnen Streifen verarbeitet. Sie werden dem Salat untergerührt. Alles zieht etwa 5 Minuten durch.

SALADE DE LANGOUSTINES |

LANGUSTENSALAT

6 Port.

1 Std.

Leicht

Zutaten

250 g Gemüsezwiebeln
200 g Strauchtomaten
Je 100 g grüne und rote Paprika
150 g Langustenschwänze (TK)
150 g Staudensellerie
60 ml Olivenöl
20 ml frisch gepresster Orangensaft
1 Knoblauchzehe
1 EL Zitronensaft
Je 1 Prise Salz, Pfeffer und Zucker

Küchenutensilien:
1 Schüssel
1 Pfanne

Nährwerte p. P.

215 kcal
8 g Kohlenhydrate
12 g Fett
20 g Eiweiß

1 Langusten tauen auf. Zwiebel schälen und vierteln. Knoblauch schälen und fein würfeln. Sellerie putzen, halbieren und zu dünnen Streifen verarbeiten. Das Selleriegrün wird beiseitegelegt.

2 Paprika putzen, vierteln und deren Kerne sowie Häutchen entfernen. Sie werden zu dünnen Streifen geschnitten. Tomaten waschen, achteln und von den Kernen befreien.

3 In einer Schüssel werden für das Dressing 50 ml Öl, beide Säfte und die Gewürze miteinander vermengt. Darin mariniert das Gemüse bis zum Servieren.

4 Langustenschwänze längs halbieren und eventuell entdarmen. Sie werden mit Salz und Pfeffer eingerieben. Sie braten im restlichen erhitzten Öl in einer Pfanne auf der Fleischseite unter starker Hitze 1 – 2 Minuten an. Folglich wird die Temperatur reduziert und die Schwänze garen weitere 5 Minuten. Erst in der letzten Minute der Garzeit werden die Langustenhälften auf die Schalenseite gedreht.

5 Das Gemüse anrichten. Die Langusten on top geben und das Fleisch mit dem Öl in der Pfanne übergießen. Selleriegrün waschen, trocknen und klein hacken. Es wird darübergestreut.

Suppen

CALLALOU | SPINATSUPPE

4 Port.

40 Min.

Leicht

Zutaten

250 g Weißbrot in Würfel
225 g Callalou (oder Spinat)
225 g Aubergine
1 l Wasser
225 ml Kokosmilch
65 ml Olivenöl
4 Schnittlauchstängel
2 Zwiebeln
2 Knoblauchzehen
1 Chilischote
1 Thymianzweig
1 EL Weißweinessig
Je 1 TL Salz und Chilipulver
½ TL gemahlener Kreuzkümmel
Je ¼ TL Cayennepfeffer und Piment

Küchenutensilien:
1 Sieb
1 Kochtopf
1 Pfanne
1 Stabmixer

Nährwerte p. P.

489 kcal
38 g Kohlenhydrate
33 g Fett
9 g Eiweiß

1 Callalou abspülen. Er tropft im Sieb ab, seine Stiele werden abgeschnitten. Den Spinat folglich grob hacken. Aubergine waschen, den Ansatz entfernen und das Gemüse zu kleinen Würfeln schneiden. Bei mittlerer Temperatur gart alles in einem Kochtopf im Wasser für 6 - 8 Minuten.

2 Knoblauch und Zwiebel schälen sowie zu feinen Würfeln schneiden. Chili putzen und fein hacken. Thymian waschen, trocken schütteln und fein hacken. Schnittlauch waschen und zu Ringen schneiden.

3 In einer Pfanne dünsten Zwiebel und Knoblauch glasig in 1 EL erhitztem Öl an. Sie werden mit Chili, Thymian und Schnittlauch in den Spinattopf gegeben. Kokosmilch angießen.

4 Die Pfanne auswischen und das restliche Öl darin auf Temperatur bringen. Sämtliche Gewürze daruntermischen. Das Brot zu Würfeln schneiden und in die Pfanne geben. Alles gut durchmischen und die Croûtons knusprig braun braten.

5 Mit dem Stabmixer wird der Topfinhalt püriert. Vor dem Servieren wird die Suppe mit den Croûtons bestreut.

CARI |

AUBERGINEN-KICHERERBSEN-TOPF

4 Port. 1 Std. Leicht

Zutaten

400 g Kichererbsen
400 ml Kokosmilch
50 ml Wasser
6 Curryblätter
2 Kartoffeln
2 grüne Chili
2 Knoblauchzehen
1 Aubergine
1 Limette
1 Zwiebel
1 Tomate
3 EL Olivenöl
1 EL gehackte Petersilie
1 EL Meersalz
1 TL Kurkumapulver
1 TL Zimtpulver
1 Prise frisch gemahlener schwarzer Pfeffer

Küchenutensilien:
1 Schüssel
1 Pfanne
1 Topf
Küchenpapier

Nährwerte p. P.

510 kcal
29 g Kohlenhydrate
38 g Fett
10 g Eiweiß

1 Aubergine putzen und zu Würfeln verarbeiten. Zwiebel und Knoblauch schälen sowie fein hacken. Curryblätter fein hacken. Chili putzen, entkernen sowie zu dünnen Scheiben schneiden. Tomate waschen und grob hacken. Kartoffeln schälen und zu groben Stücken schneiden.

2 In einer Schüssel Auberginenwürfel mit Salz bestreuen. Sie ziehen 20 Minuten und werden anschließend mit Küchenpapier abgetupft.

3 Jetzt werden 2 EL Öl in einer Pfanne erhitzt. Darin braten die Auberginenstücke bei hoher Temperatur 5 - 6 Minuten goldbraun. Sie tropfen auf dem Küchenpapier ab.

4 Derweil das restliche Öl in einem Topf auf Temperatur bringen. Knoblauch, Zwiebel, Curry und Chili hinzufügen. Alles dünstet 2 - 3 Minuten unter Umrühren. Tomate dazugeben. Sie schmort etwa 2 Minuten mit und bindet sich zu einer Soße.

5 Kurkuma und Zimt unterrühren. Das Ganze wird mit dem Wasser abgelöscht. Kokosmilch angießen und die Kartoffelstücke beimengen. Jetzt gart das Cari 15 Minuten bei mittlerer Temperatur. Erbsen und Aubergine dazugeben und nochmals 5 Minuten köcheln.

6 Final wird das Ganze mit Pfeffer abgeschmeckt. Vor dem Servieren Limette abwaschen und zu Spalten verarbeiten. Sie werden mit der Petersilie on top gegeben.

Tipp: Für Fleischliebhaber eignet sich dieses Gericht auch mit 2 Hühnerschenkeln beziehungsweise 1 Hühnerbrust pro Person.

SOUPE L'AVOCAT |

KALTE AVOCADOSUPPE

4 Port.

1 Std. 15 Min.

Leicht

Zutaten

400 g süße Sahne
500 ml Hühnerbrühe (oder Gemüsebrühe)
2 Avocados
2 Knoblauchzehen
2 EL Limettensaft
2 EL fein gehackte Petersilie
Je 1 TL Salz und Pfeffer
ein paar Spritzer Tabascosoße

Küchenutensilien:

1 Standmixer
1 Schüssel

Nährwerte p. P.

643 kcal
6 g Kohlenhydrate
66 g Fett
5 g Eiweiß

1 Avocados halbieren und von ihrem Stein lösen. Das Fruchtfleisch wird mittels Löffel ausgeschabt. Knoblauch schälen und zu feinen Würfeln verarbeiten.

2 In einem Standmixer wird das Avocadofleisch mit dem Knoblauch und der Brühe gemixt. Das Ganze wird mit Salz, Pfeffer und Limettensaft gewürzt. Folglich die Sahne dazugeben und nach persönlicher Vorliebe der Konsistenz mischen. Die Suppe gehört nun für mindestens 1 Stunde in den Kühlschrank.

3 Vor dem Servieren wird die Avocadosuppe mit der Petersilie bestreut und dem Tabasco beträufelt.

SOUPE ÉPINARDS-COCO |
SPINAT-KOKOS-SUPPE

4 Port.

40 Min.

Leicht

Zutaten

400 g Blattspinat
250 g Kartoffeln
200 g Garnelen
400 ml Gemüsebrühe
200 ml Kokosmilch
2 Zwiebeln
1 Knoblauchzehe
1 rote Paprika
1 Peperoni
½ Zitrone
2 EL Pflanzenöl
1 EL Orangensaft
1 Prise Salz
ein paar Spritzer roter Tabasco

Küchenutensilien:
1 Pfanne

Nährwerte p. P.

481 kcal
17 g Kohlenhydrate
38 g Fett
17 g Eiweiß

1 Zwiebeln sowie Kartoffeln schälen und fein würfeln. Peperoni der Länge nach halbieren, deren Kerne entfernen und fein hacken. Alles dünstet im heißen Öl in einer Pfanne an. Knoblauch schälen und in die Pfanne auspressen.

2 Brühe und Milch angießen und alles salzen. Zugedeckt köchelt das Ganze bei mittlerer Hitze circa 20 Minuten.

3 Spinat waschen, abtrocknen sowie zu Streifen schneiden. Garnelen abspülen, abtupfen und eventuell deren Darm entfernen. Paprika putzen, Kerne und Häutchen herauslösen und das Gemüse würfeln.

4 Circa 3 Minuten vor Ende der Garzeit der Suppe werden Spinat und Paprika hinzugefügt. 1 Minute später wird das Garnelenfleisch darin aufgewärmt.

5 Zitrone heiß abspülen, abtrocknen und halbieren. Von der einen Hälfte werden Scheiben zur Garnierung zurechtgeschnitten. Die andere Hälfte wird in die Suppe ausgepresst. Final wird mit den übrigen Zutaten gewürzt.

SOUPE DE TOMATES |

TOMATENSUPPE

4 Port. 4,5 Std. Leicht

Zutaten

800 g Flaschentomaten
250 g Hähnchenbrustfilet
200 g Zwiebeln
100 g Staudensellerie
30 g frisch geriebener Ingwer
2 Knoblauchzehen
500 ml Tomatensaft
2 Papayas
1 Orange
1 rote Chilischote
4 EL Pflanzenöl
2 TL Vollrohrzucker
1 TL Tomatenmark
1 TL Currypulver
1 TL Kurkuma
½ TL Chilipulver
2 Prisen Salz
1 Prise Pfeffer

Küchenutensilien:
4 Holzspieße
1 Topf
1 Stabmixer
1 feines Sieb
1 Pfanne

Nährwerte p. P.

318 kcal
21 g Kohlenhydrate
16 g Fett
20 g Eiweiß

1 Zwiebeln schälen sowie eine Hälfte grob, die andere Hälfte fein würfeln. Knoblauch und Ingwer schälen sowie grob würfeln. Tomaten waschen, vierteln sowie von dem wässrigen Inneren befreien. 100 g der Tomaten werden zur Seite gelegt. Orange schälen (Schale behalten), halbieren und etwa 100 ml Saft auspressen.

2 Im Öl dünsten die grob gewürfelten Zwiebeln sowie Ingwer und circa 2 Minuten glasig in einem Topf an. Den Inhalt mit dem Zucker bestreuen und karamellisieren. Mit dem Orangensaft wird abgelöscht.

3 Chili putzen sowie klein schneiden. Tomaten sowie Orangenschale dazugeben. Jetzt wird das Tomatenmark eingerührt. Den Tomatensaft angießen und alles mit je 1 Prise Salz und Pfeffer sowie dem Chili würzen. Bei mittlerer Temperatur köchelt das Ganze offen.

4 Die Schale entnehmen und den Inhalt mit einem Stabmixer zu einer Suppe fein pürieren. Sie wird durch ein feines Sieb gestrichen und kühlt anschließend 3 Stunden.

5 Geflügelfleisch abspülen, trocken tupfen und zu circa 1 cm großen Würfeln schneiden. Sie werden auf Holzspieße gesteckt. Das Fleisch mit 1 Prise Salz, Kurkuma, Curry und Chilipulver würzen. Die Spieße braten in 2 EL Pflanzenöl bei mittlerer Temperatur circa 10 Minuten von allen Seiten in einer Pfanne.

6 Papaya schälen, halbieren sowie von den Kernen befreien. Sie wird grob gewürfelt. Die restliche Zwiebel, die übrigen Tomaten sowie der geputzte und fein gewürfelte Sellerie landen in der kalten Tomatensuppe.

7 Die Spieße werden quer über die Suppenschüssel gelegt oder in die Suppe gesteckt.

Tipp: Werden gekühlte Suppenteller verwendet, erfrischt die Suppe gerade im Sommer bis zum letzten Schluck.

SOUPE AUX CACAHUÈTES | ERDNUSSSUPPE

4 Port.

25 Min.

Leicht

Zutaten

150 g gesalzene Erdnusskerne
100 g Erdnussbutter
750 ml Gemüsebrühe
250 ml Milch
250 ml Schlagsahne
2 Frühlingszwiebeln
2 EL trockener Sherry
1 TL frisch gemahlener Pfeffer

Küchenutensilien:
1 Topf
1 Stabmixer

Nährwerte p. P.

789 kcal
17 g Kohlenhydrate
70 g Fett
21 g Eiweiß

1 In einem Topf werden Milch, Brühe und Erdnussbutter aufgekocht. Unter mittlerer Temperatur köchelt alles 15 Minuten. Die Suppe kühlt etwas ab.

2 Sahne vorsichtig untermischen und alles mit dem Stabmixer fein pürieren. Erdnüsse fein hacken und der Suppe unterrühren.

3 Frühlingszwiebeln putzen sowie zu feinen Ringen schneiden. Jetzt wird der Sherry angegossen und die Suppe mit Pfeffer abgeschmeckt. Die Speise erhält eine Garnierung aus Frühlingszwiebelringen.

FAJETO |

MANGOSUPPE

4 Port.

50 Min.

Leicht

Zutaten

120 g Naturjoghurt
570 ml Wasser
3 Mangos
2 Chilischoten
2 EL Erdnussöl
2 EL Vollrohrzucker
2 EL Kichererbsenmehl
1 ½ TL Salz
Je ½ TL gemahlener Kreuzkümmel und Koriander
½ TL Kurkumapulver
½ TL braune Senfsamen
½ TL Zucker

Küchenutensilien:

1 Standmixer
1 Schüssel
1 Schneebesen
1 Topf mit Deckel
evtl. 1 Sieb

Nährwerte p. P.

219 kcal
29 g Kohlenhydrate
9 g Fett
4 g Eiweiß

1 Mangos schälen und vom Stein lösen. Das Fruchtfleisch wird zu groben Stücken geschnitten und mit dem Vollrohrzucker im Standmixer fein püriert. Es sollten etwa 700 ml Püree entstehen.

2 In einer Schüssel wird das Mehl mit den Gewürzpulvern gemischt. Folglich werden vorsichtig 120 ml Wasser untergerührt. Es dürfen keine Klümpchen entstehen.

3 Chili putzen, entkernen und fein hacken. Mittels Schneebesen wird nun der Joghurt im Gewürzwasser untergerührt. Mangopüree hinzufügen und etwa 450 ml Wasser angießen. Salz, Zucker und Chili untermengen.

4 In einem Topf wird das Öl erhitzt. Darin braten die Senfsamen an, bis sie zu springen beginnen. Mangopüree aus der Schüssel angießen und alles aufkochen. Temperatur auf mittlere Stufe einstellen und alles noch 5 Minuten köcheln.

5 Jetzt wird der Topf vom Herd genommen. Unter geschlossenem Deckel entfalten die Gewürze in 30 Minuten ihr volles Aroma. Final wird die Mangosuppe nochmals kurz erwärmt. Wer möchte, seiht die Suppe vor dem Servieren mit einem feinen Sieb ab.

POTAGE DE MAÏS |

MAISSUPPE

4 Port.

45 Min.

Leicht

Zutaten

425 g Kidneybohnen (etwa 1 Dose)
220 g Mais (etwa 5 Kolben)
200 g Erbsen (TK)
750 ml Gemüsebrühe
250 ml Schlagsahne
3 Knoblauchzehen
2 Zwiebeln
1 rote Pfefferschote
1 Limette
½ Bund Koriandergrün
Je 1 Prise Salz und Cayennepfeffer

Küchenutensilien:

1 Sieb
1 Topf
1 Schüssel
1 Stabmixer
1 feines Sieb

Nährwerte p. P.

400 kcal
37 g Kohlenhydrate
21 g Fett
14 g Eiweiß

1 Erbsen auftauen und die Bohnen im Sieb abtropfen. Zwiebel schälen und fein würfeln. Knoblauch schälen sowie fein hacken.

2 In einem Topf kochen Mais, Zwiebeln und Knoblauch in der Brühe auf. Temperatur zurückdrehen. Alles köchelt etwa 15 Minuten zugedeckt.

3 Pfefferschote putzen, der Länge nach halbieren und deren Kerne entnehmen. Sie wird klein gehackt. Limette heiß abwaschen und abtrocknen. Von deren Schale werden mittels Zestenreißer kleine Streifen geschnitten.

4 Folglich werden Schalenabrieb und Pfefferschote gemischt. Koriandergrün abwaschen, abtrocknen sowie deren abgezupfte Blätter zur Mischung geben. Die Limette halbieren und in die Schüssel auspressen.

5 Aus dem Suppentopf werden 4 EL entnommen und zur Seite gelegt. Sahne dem Topf angießen und alles gut vermischen. Das Ganze wird mit einem Stabmixer püriert und anschließend durch ein feines Sieb passiert. Es kocht im Topf nochmals auf.

6 Erbsen, Bohnen und die beiseitegelegten 4 EL zur Suppe geben. Alles köchelt weitere 2 - 3 Minuten. Final wird die Speise gewürzt und mit 4 EL Koriander-Limetten-Mischung beträufelt.

Brote

PAN PLANO CARI |

FLADENBROT MIT GARNELENCURRY

4 Port.

1,5 Std.

Leicht

Zutaten

125 g Vollkornmehl nach Wahl
75 g Weizenvollkornmehl
¼ TL Salz
60 ml Milch
60 ml lauwarmes Wasser
60 g Butter
1 EL Erdnussöl
1 EL rote Currypaste
1 Ingwerwurzel (etwa 5 cm)
4 Frühlingszwiebeln
250 ml Kokosmilch (Dose)
125 g Garnelen (geschält + frisch)
2 EL geröstete getrocknete Kokosflocken
1 EL gehackte Korianderblätter
¼ TL Salz

Küchenutensilien:
2 Pfannen
1 Schüssel
1 Rührschüssel
1 Topf
1 Löffel
1 Gabel
Frischhaltefolie

Nährwerte p. P.

473 kcal
48 g Kohlenhydrate
28 g Fett
11 g Eiweiß

1 In einer Schüssel werden ¼ TL Salz und die beiden Mehlsorten miteinander vermischt. In einem Topf wird die Butter zerlassen. Etwa 1 EL davon landet mit dem Wasser und der Milch in der Rührschüssel. Alles gut verrühren.

2 Mit dem Löffel wird das Mehl nun portionsweise in den Teig eingerührt. Es soll ein weicher Teig entstehen. Es dürfte etwa 2 Minuten Kneten veranschlagen, bis sich der Teigrohling vom Schüsselrand löst.

3 Den Teig zu einer Kugel formen. Die Schüssel wird nun eingeölt. Darin wird die Kugel gewälzt, bis sie vollkommen eingeölt ist. In einer Frischhaltetüte zieht das Ganze etwa 1 Stunde.

4 Den Rohling zu 4 Teilen schneiden. Sie werden zu flachen Fladen von etwa 20 cm Durchmesser gedrückt. Nun werden die Brote mit der übrigen Flüssigbutter eingestrichen und zu einem Dreieck gefaltet. Die lange Seite sollte circa 20 cm bemessen. Mit einer Gabel wird die offene Seite fest angedrückt.

5 In einer mit Öl eingepinselten Pfanne braten die Teigfladen nun circa 4 - 5 Minuten, bis sie duften und leicht bräunen. In Folie werden die fertigen Brote warm gehalten, während die anderen noch braten.

6 Ingwer schälen und fein hacken. Frühlingszwiebeln putzen und ebenso fein hacken. In der zweiten Pfanne köcheln diese mit Currypaste und Kokosmilch circa 5 Minuten. Erst danach Garnelen und Kokosflocken dazugeben und alles weitere 6-8 Minuten garen. Am Schluss wird mit Kräutern und ¼ TL Salz gewürzt. Und fertig ist das Garnelencurry!

MONKEY BREAD | BROTKUCHEN

8 Port.

2 Std. 20 Min.

Leicht

Zutaten

600 g Vollkornmehl
120 g Butter
100 g geriebener Käse
480 ml warmes Wasser
2 Packungen Trockenhefe
1 Knoblauchzehe
1 Zwiebel
2 EL Zucker
1 EL Mohnsamen
Je 1 TL Meersalz und Salz

Küchenutensilien:
1 Schüssel
1 Küchentuch
1 Rührschüssel
1 Topf
1 runde Kuchenform
Backofen

Nährwerte p. P.

343 kcal
41 g Kohlenhydrate
15 g Fett
11 g Eiweiß

1 In einer Schüssel den Zucker mit der Hefe vermengen. Jetzt wird das Wasser angegossen und alles miteinander verquirlt. Der Inhalt geht 10 Minuten. Folglich wird die Schüssel zugedeckt und das Hefewasser zieht an einem warmen Standort 30 Minuten.

2 Danach werden Mehl, Salz und die nunmehr schaumige Hefemischung in einer Rührschüssel vermischt. In einem Topf werden 60 g Butter zerlassen und anschließend der Teigschüssel untergerührt. Es soll ein homogener Teig entstehen.

3 Er wird auf der bemehlten Küchenplatte circa 5 Minuten kräftig durchgeknetet. Zurück in der Schüssel wird er erneut abgedeckt und zieht abermals 30 Minuten an einem warmen Standort. Das Volumen soll sich verdoppeln.

4 Jetzt wird er nochmals gut durchgeknetet und zu einer Kugel geformt. Er zieht abermals unter dem Tuch 10 Minuten. Folglich wird der Teig zu 16 gleich großen Kugeln verarbeitet.

5 Backofen auf 160 °C Ober- / nterhitze einstellen sowie die Kuchenform einfetten. Knoblauch sowie Zwiebel schälen und zu feinen Würfeln verarbeiten. In einer Schüssel werden die mit dem Mohn, Meersalz und dem Käse vermengt.

6 Die übrige Butter wird nun im Topf zerlassen. Der Teig wird dahinein und anschließend in die Mischung getunkt. Die kleinen Teigkugeln werden in der Backform kreisrund arrangiert. Im Zentrum wird eine zweite Schicht aufgelegt.

7 Im Ofen backt das Ganze nun 30 Minuten. Der Käse soll schmelzen und eine Kruste erzeugen. Das Brot selbst soll goldbräunlich erscheinen.

SAADA ROTI | GUYANISCHES BROT

4 Port. 55 Min. Mittel

Zutaten

350 g Vollweizenmehl
250 ml Wasser
2 ½ TL Backpulver

Küchenutensilien:
1 Schüssel
1 gusseiserne Grillpfanne

Nährwerte p. P.

281 kcal
53 g Kohlenhydrate
3 g Fett
9 g Eiweiß

1 In einer Schüssel werden Mehl und Backpulver vermischt. Folglich wird das Wasser bei stetem Kneten nach und nach angegossen. Der Teig wird etwa 10 Minuten lang geknetet und ruht als weiche Teigkugel circa 15 Minuten.

2 Den Teig vierteln. Es werden 4 Kugeln geformt. Sie ruhen nochmals 10 Minuten.

3 Die Pfanne auf Temperatur bringen. Eine Teigkugel zu einem Kreis mit etwa 20 cm Durchmesser ausrollen. Der Brotfladen landet für 2 Minuten in der Pfanne. Er sollte spätestens alle 30 Sekunden gewendet werden. Auf beiden Seiten entstehen goldbraune Flecken.

Tipp: Wenn die flachen Brote nicht sofort gegessen werden, gehören sie an späteren Tagen für 1 Minute in die Mikrowelle. Der Teig bläht sich somit wieder auf und die Brote sind wie frisch.

ROLLITOS |

CURRYBLÄTTERBRÖTCHEN

8 Port.

2 Std.

Leicht

Zutaten

250 g Weizenvollkornmehl
150 ml Wasser
1 Packung Trockenhefe
2 EL gehackte Curryblätter
1 TL Meersalz
1 TL Pflanzenöl
½ TL Kurkumapulver
½ TL gehackte Kreuzkümmelsamen
1 Prise Zucker

Küchenutensilien:
1 Rührschüssel
1 Küchentuch
1 Backblech
Backofen

Nährwerte p. P.

104 kcal
19 g Kohlenhydrate
1 g Fett
4 g Eiweiß

1 Als Erstes das Mehl in eine Rührschüssel sieben. Nun werden Kurkuma, Kreuzkümmel und Curryblätter untergemischt. Das Ganze wird mit der Hefe, dem Salz und dem Zucker bestreut.

2 Das Wasser in Portionen angießen und alles in circa 10 Minuten zu einem glatten Teig kneten. Der Teig wird zu 8 Kugeln geformt. Sie landen auf dem eingefetteten Backblech. Unter einem Küchentuch ziehen die Brötchen an einem warmen Standort nun in etwa 1 Stunde und 15 Minuten durch.

3 Backofen auf 210 °C Ober- / Unterhitze aufheizen. Die Brötchen backen nun etwa 12 - 15 Minuten goldbraun. Sie werden warm mit reichlich Butter verzehrt.

PARAATA ROTI |

GESCHICHTETES BROT

 4 Port.

 1 Std. 25 Min.

 Schwer

Zutaten

350 g Vollweizenmehl
250 ml Wasser
175 ml Erdnussöl
2 TL Backpulver

Küchenutensilien:
1 Schüssel
1 gusseiserne Grillpfanne
1 Spatel
1 Küchentuch
Küchenpapier

Nährwerte p. P.

509 kcal
42 g Kohlenhydrate
34 g Fett
8 g Eiweiß

1 Als Erstes werden Backpulver und Mehl in einer Schüssel vermischt. Danach wird nach und nach das Wasser angegossen und der Teig dabei stets geknetet. Nach 10 Minuten Kneten wird eine Teigkugel geformt. Sie ruht etwa 15 Minuten.

2 Den Teig zu 4 Teilen trennen und kleine Kugeln ausformen. Sie werden platt gedrückt und ruhen nochmals 10 Minuten.

3 Jetzt wird jeder Brotteig zu Kreisen mit circa 20 cm Durchmesser ausgerollt. Er wird mit 1 TL Öl bestrichen und etwas mit Mehl bestäubt. Von der linken Seite wird der Teig zu einem Drittel eingeklappt. Die trockene Unterseite mit etwas Öl bestreichen und Mehl benetzen. Jetzt wird das letzte Drittel von rechts daraufgeklappt. Ein Teigrechteck sollte nun auf der Küchenplatte liegen.

4 Das Rechteck mit ein wenig Öl bestreichen, Mehl bestäuben und abermals ein Drittel nach dem anderen einklappen. Die Teiglinge ruhen nun nochmals 10 Minuten.

5 Grillpfanne auf mittlere Temperatur bringen. Jedes Stück wird nun zu einem Kreis mit etwa 28 cm Durchmesser ausgerollt und landet für 2 Minuten in der Pfanne. Die Fladen sollen nun alle 10 Sekunden gewendet werden, goldbraune Flecken entstehen.

6 Per Küchenpapier 1 TL Öl auf dem flachen Brot auftragen. Jetzt wird das Brot mittels Spatel in der Mitte zusammengefaltet und fest in die Pfanne gedrückt. Folglich wenden und abermals mit dem Spatel fest an den Pfannenboden drücken.

7 Zusammengefaltete Brote auf einem Küchentuch ablegen. Mit den Händen wird daruntergefasst und das Tuch samt Brot im frischen, weichen Zustand wie eine Ziehharmonika mehrfach geknautscht.

BRIOCHES À LA MANGUE |

MANGO-BRIOCHES

1 Laib

3 Std. 15 Min.

Mittel

Zutaten

500 g Vollkornmehl
200 g weiche Butter
100 g Mangofruchtfleisch
30 g frische Hefe
30 g Zucker
10 g Salz
70 ml Milch
4 Eigelbe
3 Eier
1 rote Pfefferschote
2 EL Schlagsahne
1 EL Vollrohrzucker
1 EL rote Pfefferkörner (grob zerstoßen)
Öl (zum Bearbeiten)
Mehl (zum Bearbeiten)

Küchenutensilien:

1 Topf
1 Muffinblech
1 Schüssel
1 Quirl
1 Backblech
Backpapier
Backofen
Mörser & Stößel
Alufolie

Nährwerte p. P.

244 kcal
25 g Kohlenhydrate
14 g Fett
6 g Eiweiß

1 In einem Topf wird die Milch erwärmt. Dahinein wird die Hefe gebröckelt. Zucker hinzufügen. Es soll sich alles in der Milch auflösen. 70 g Mehl einrühren. Dieser Vorteig ruht an einem warmen Standort abgedeckt circa 20 Minuten.

2 Mango zu circa 5 mm kleinen Würfeln schneiden. Pfefferschote putzen, der Länge nach halbieren und von den Kernen befreien. Sie wird ebenso klein gewürfelt.

3 Vorteig mit dem restlichen Mehl, den aufgeschlagenen Eiern und 3 der zusätzlichen Eigelbe mischen. Salz und Butter hinzufügen und alles gut vermengen. Mango und Pfefferschote unterrühren. Der Teig wird folglich geschmeidig geknetet und zieht an einem warmen Standort 30 Minuten.

4 Muffinblech dünn mit Öl bestreichen und Mehl ausstreuen. Den Teig auf der bemehlten Küchenplatte zu einer Rolle ausformen. Daraus werden 12 Scheiben geschnitten. Diese jeweils zu einer Kugel formen und in die Muffinformen füllen. Der übrige Teig darf zu einem Brotlaib geformt werden.

5 Pfefferkörner im Mörser zerstoßen. In einer Schüssel werden das übrige Eigelb und die Sahne verquirlt. Damit werden die Brioche und der Laib bestrichen. Pfeffer sowie braunen Zucker daraufstreuen. Der Teig zieht nun erneut 30 Minuten zugedeckt an einem warmen Standort.

6 Backofen auf 180 °C Ober- / Unterhitze einstellen und das Blech mit dem Backpapier belegen. Die Brioches backen nun 30 Minuten im Ofen. In den letzten 10 Minuten empfiehlt sich die Abdeckung mit Alufolie, da sie sonst zu braun werden.

Hauptgerichte mit Fleisch & Geflügel

GUMBO DE POULET |

HÄHNCHENEINTOPF

4 Port.

2 Std.

Mittel

Zutaten

1 kg Hähnchenkeule
Je 300 g grüne und rote Paprika
250 g Süßkartoffel
150 g Gemüsezwiebel
120 g Staudensellerie
100 g rote Zwiebel
100 g Chorizo
100 g Möhren
500 ml Geflügelbrühe
4 Thymianzweige
3 Lorbeerblätter
2 EL Sonnenblumenöl
1 EL Tomatenmark
1 ½ TL Cayennepfeffer
10 Spritzer Tabasco
Je 1 Prise Salz und Pfeffer

Küchenutensilien:
1 Kasserolle
Backofen

Nährwerte p. P.

690 kcal
25 g Kohlenhydrate
42 g Fett
52 g Eiweiß

1 Keule abwaschen, trocken tupfen und mögliche Sehnen entfernen. Große Keulen werden halbiert. Die Wurst zu fingerdicken Scheiben schneiden. Paprikaschoten putzen, halbieren sowie deren Kerne und Häutchen entfernen. Sie werden zu circa 2 cm dicken Stücken geschnitten.

2 Möhren und Zwiebeln schälen, sie werden wie der geputzte Sellerie zu etwa 1 cm großen Stücken verarbeitet. Süßkartoffeln schälen und in etwa 3 cm große Würfel schneiden.

3 Backofen auf 180 °C Umluft einstellen. In einer Kasserolle wird das Öl erhitzt. Darin brät das Hähnchenfleisch bei eher starker Hitze goldbraun an. Fleisch entnehmen und das vorbereitete Gemüse darin etwa 5 Minuten köcheln.

4 Tomatenmark, Lorbeerblätter und Tabasco dazugeben. Das Ganze mit dem Pfeffer würzen und der Brühe aufgießen. Alles kocht auf. Jetzt das Fleisch erneut in die Kasserolle geben. Zugedeckt gart das Gericht etwa 60 Minuten im Ofen. Anschließend ruht es noch 15 Minuten im abgeschalteten Backofen.

5 Thymian abspülen und trocken schütteln. Die abgezupften Blätter werden mit dem übrigen Salz und Pfeffer über dem Gumbo verteilt.

Tipp: Wer mag, darf das Fleisch vor dem erneuten Hinzufügen in den Eintopf gern auch vom Knochen lösen.

POLLO DE SAMOA |

HÄHNCHEN SAMOER ART

4 Port.

45 Min.

Leicht

Zutaten

750 g Hähnchenkeule
150 g grüne Bohnen
100 g Spinat
250 ml Hühnerbrühe
250 ml Kokosmilch
2 Stangensellerie
2 Schalotten
2 Knoblauchzehen
1 Limette
1 grüne Chili
2 EL Kokosraspeln
2 EL Pflanzenöl
2 EL grüne Currypaste
1 EL helle Sojasoße
1 TL Vollrohrzucker
1 Prise Salz

Küchenutensilien:
1 Schüssel
1 Pfanne
1 Schmortopf

Nährwerte p. P.

572 kcal
8 g Kohlenhydrate
41 g Fett
41 g Eiweiß

1 Keulen abspülen und abtupfen. Das Fleisch wird von den Knochen gelöst und zu Streifen geschnitten. Limette abspülen, abtrocknen und von der gesamten Schale Abrieb erzeugen. Danach wird sie halbiert und in eine Schüssel ausgepresst. Darin mariniert das Fleisch.

2 In einer Pfanne rösten derweil die Kokosraspeln ohne Fett bräunlich an. Anschließend kühlen sie ab.

3 Bohnen putzen sowie zu 3 cm langen Stücken schneiden. Sellerie putzen sowie zu Streifen verarbeiten. Die Blätter des Spinats waschen, abtrocknen und fein hacken. Chili putzen, der Länge nach halbieren und entkernen. Die Schote wird folglich klein geschnitten. Knoblauch und Schalotten schälen sowie fein hacken.

4 Anschließend wird das Öl in einem Schmortopf erhitzt. Schalotten und Knoblauch braten darin hellbraun an. Currypaste anrühren, bis sich das Aroma merklich entfaltet. Fleisch samt Saft, Bohnen und Sellerie dazugeben.

5 Das Ganze mit Milch und Brühe aufgießen. Den Inhalt aufkochen, salzen und 20 Minuten bei mittlerer Temperatur unter geschlossenem Deckel köcheln.

6 Sojasoße, Limettenschalenabrieb und Zucker kurz vor dem Ende unterrühren. Vor dem Servieren wird die Speise mit den Kokosraspeln bestreut.

CURRY DE DINDE |

PUTENCURRY

4 Port.

20 Min.

Leicht

Zutaten

500 g Putenschnitzel
150 g Frühlingszwiebeln
100 ml Schlagsahne
50 ml Weißwein
1 Mango
4 EL Pflanzenöl
1 EL Currypulver
Je 2 Prisen Salz und Pfeffer

Küchenutensilien:
1 Pfanne

Nährwerte p. P.

346 kcal
11 g Kohlenhydrate
19 g Fett
31 g Eiweiß

1 Frühlingszwiebeln putzen sowie zu feinen Ringen schneiden. Mango schälen, vom Stein lösen sowie das Mangofleisch zu Spalten verarbeiten.

2 Putenfleisch abspülen, abtupfen sowie quer zu circa 12 Scheiben zurechtschneiden.

3 In einer Pfanne das Öl erhitzen und die Fleischstücke pro Seite 2 - 3 Minuten braten. Sie werden gesalzen, gepfeffert und der Pfanne entnommen.

4 Nun dünsten die Frühlingszwiebeln im Bratfett an. Sie werden mit dem Curry bestreut. Wein und Sahne angießen und alles gut umrühren. Die Pfanne wird mit je 1 Prise Salz und Pfeffer abgeschmeckt.

5 Sobald die Soße aufkocht, Mango und Pute hinzufügen. Das Ganze kocht offen 2-3 Minuten.

CARIBBEAN CARPACCIO |

KARIBISCHES CARPACCIO

4 Port.

20 Min.

Leicht

Zutaten

350 g Schweinebraten
150 g Salatgurke
25 g gesalzene Erdnusskerne
3 Maracujas
2 Frühlingszwiebeln
4 EL Olivenöl
Je 1 Prise Salz, Pfeffer und Zucker

Küchenutensilien:
2 Schüsseln
1 feines Sieb

Nährwerte p. P.

318 kcal
8 g Kohlenhydrate
18 g Fett
29 g Eiweiß

1 Maracujas waschen, halbieren sowie deren Fruchtfleisch ausschaben. In einer Schüssel werden Salz, Pfeffer, Zucker, das Öl und das Fruchtfleisch gemischt. Das Ganze zieht etwa 10 Minuten durch.

2 Das Fruchtfleisch durch ein feines Sieb passieren, damit die Kerne zurückbleiben. Gurke putzen sowie fein würfeln. Frühlingszwiebeln putzen sowie zu dünnen Ringen verarbeiten. Die Erdnüsse werden gehackt.

3 Das Ganze wird in der zweiten Schüssel mit der fruchtigen Soße vermischt.

4 Den Schweinebraten sehr dünn aufschneiden. Er wird auf dem Teller angerichtet und mit dem Fruchtsalsa beträufelt.

ZEMBROCAL |

SPECKREI

4 Port. 1 Std. Leicht

Zutaten

750 g Reis
400 g geräucherter Speck
250 g rote Bohnen
1,25 l Wasser
3 Knoblauchzehen
2 Zwiebeln
1 Thymianzweig
3 EL Pflanzenöl
1 EL Kurkumapulver
1 Prise Salz

Küchenutensilien:

3 Töpfe
1 Sieb
1 Schüssel
1 Pfanne
Mörser & Stößel

Nährwerte p. P.

522 kcal
46 g Kohlenhydrate
29 g Fett
20 g Eiweiß

1 Reis nach Packungsanleitung im Kochtopf mit 500 ml Wasser kochen.

2 Bohnen abspülen und im zweiten Topf mit 500 ml Wasser aufkochen. Sie garen nun circa 15 Minuten.

3 Derweil werden die Zwiebeln sowie Knoblauchzehen geschält und klein geschnitten. Im Mörser wird das Zwiebelgemüse mit dem Salz zerstoßen.

4 Reistopf vom Herd nehmen und die Körner im Sieb abtropfen. Der Garsaft wird in einer Schüssel aufgefangen. Danach wird der Reis nochmals abgespült.

5 Währenddessen brät der klein geschnittene Speck in 1 EL erhitztem Öl in einer Pfanne kross. Thymian waschen, trocken schütteln und die abgezupften Blätter fein hacken.

6 Das übrige Pflanzenöl im dritten Topf auf Temperatur bringen. Darin braten Zwiebel und Knoblauch bräunlich. Thymian und Kurkuma dazugeben. Speck und Bohnen untermischen. Alles gart etwa 5 Minuten.

7 Reis untermischen und den Rest Wasser angießen. Bei niedriger Temperatur gart das Gericht nun circa 45 Minuten.

ROPA VIEJA |

GEZUPFTER SCHMORBRATEN

4 Port.

4 Std.

Leicht

Zutaten

800 g Rinderbraten
200 g Reis
560 ml Wasser
75 ml brauner Rum
8 Korianderstiele
5 Knoblauchzehen
2 Zwiebeln
2 Lorbeerblätter
1 rote Zwiebel
1 Dose stückige Tomaten
1 Dose schwarze Bohnen
3 EL Pflanzenöl
1 EL Tomatenmark
2 TL getrockneter Oregano
½ TL gemahlener Kreuzkümmel
1 TL Zucker
3 ½ Prisen Salz
2 Prisen Pfeffer

Küchenutensilien:
1 Bräter mit Deckel
1 Topf mit Deckel
1 Sieb

Nährwerte p. P.

620 kcal
45 g Kohlenhydrate
20 g Fett
62 g Eiweiß

1 Zwiebeln schälen und zu Streifen schneiden. Die rote Zwiebel extra legen. Knoblauch schälen sowie grob hacken.

2 Fleisch abspülen und abtupfen. In einem Bräter brät das Fleisch in 2 EL erhitztem Öl etwa 5 Minuten von allen Seiten an. Das Ganze wird mit je 1 Prise Salz und Pfeffer gewürzt sowie anschließend herausgenommen.

3 Bis auf je ½ TL braten helle Zwiebeln und Knoblauch im Sud des Bräters etwa 1 Minute. Tomatenmark unterrühren und alles in circa 1 Minute rösten. 100 ml Wasser und Rum angießen. Die Rückstände am Bräterboden sollen sich durch Rühren lösen.

4 Tomaten aus der Dose untermischen. Oregano, Lorbeer und Kreuzkümmel unterrühren. Alles aufkochen und folglich das Fleisch darin 3 ½ Stunden unter geschlossenem Deckel bei minimaler Temperatur schmoren. Das Fleisch sollte dreimal gewendet werden.

5 In einem Topf gart der Reis in 400 ml kochendem, mit ½ TL Salz veredelten, Wasser entsprechend der Packungsangabe. Derweil wird die rote Zwiebel mit dem Zucker und 1 Prise Salz vermischt.

6 Bohnen im Sieb abspülen sowie abtropfen. Im restlichen Öl dünstet der übrige Knoblauch. Bohnen sowie 4 EL Wasser hinzugeben und alles mit je 1 Prise Salz sowie Pfeffer abschmecken. Unter dem Deckel dünstet der Topfinhalt circa 4 - 5 Minuten.

7 Koriander waschen, trocken schütteln sowie dessen Blätter abzupfen. Das Fleisch wird aus der Soße genommen sowie anschließend mittels zweier Gabeln zerzupft. Die Fleischfasern landen wieder im Schmortopf und erwärmen erneut.

8 Reis, Fleisch und Bohnenpfanne zusammenführen und mit dem Koriander sowie den übrigen Zwiebeln bestreuen.

ALBÓNDIGAS CRIOLLAS |

KREOLISCHE KLOPSE

4 Port.

25 Min.

Leicht

Zutaten

800 g Kartoffeln
500 g Putenhackfleisch
1,25 ml Wasser
400 ml ungesüßte Kokosmilch (etwa 1 Dose)
2 rote Chilischoten
1 Ei
1 Zwiebel
½ Dose Ananas
½ Korianderbund
2 EL heller Soßenbinder
2 EL Semmelbrösel
4 Prisen Salz
2 Prisen Pfeffer

Küchenutensilien:
3 Töpfe
1 Schüssel

Nährwerte p. P.

690 kcal
68 g Kohlenhydrate
23 g Fett
48 g Eiweiß

1 Kartoffeln schälen, abspülen sowie zu mundgerechten Stücken schneiden. In einem Topf mit 750 ml Salzwasser (1 Prise Salz) garen die Kartoffeln etwa 10 – 15 Minuten.

2 Zwiebel schälen sowie fein würfeln. In einer Schüssel werden diese mit dem Hackfleisch, den Bröseln und dem aufgeschlagenen Ei zu einem Fleischteig verknetet. Alles mit je 1 Prise Salz und Pfeffer würzen und gut vermischen. Daraus werden folglich Klopse geformt.

3 Im zweiten Topf mit 500 ml Salzwasser (1 Prise Salz) garen die Klopse in circa 10 Minuten. Sie werden mit der Schaumkelle herausgenommen.

4 Chilischote putzen sowie von Kernen befreien. Sie wird zu Ringen geschnitten. 3 EL Ananasstücke beiseitelegen. Ansonsten kochen die Ananas inklusive Saft und Kokosmilch im dritten Topf auf. Das Ganze wird püriert sowie mit je 1 Prise Salz und Pfeffer gewürzt.

5 Chili und restliche Ananas unterrühren. Koriander waschen, trocknen sowie dessen Blätter abzupfen und hacken.

6 Klopse und Kartoffeln anrichten. Beides mit der Soße übergießen und mit Koriander bestreuen.

MEDALLONES DE CERDO |

SCHWEINEMEDAILLONS

4 Port. 40 Min. Leicht

Zutaten

800 g Schweinefilet
250 g Reis
400 ml Wasser
400 ml Gemüsebrühe
4 Petersilienstiele (glatt)
2 Paprika
1 Dose Gemüsemais
1 Apfel
2 EL Pflanzenöl
2 EL Tomatenmark
1 TL bunte Pfefferkörner
2 Prisen Salz

Küchenutensilien:
1 Topf
1 Pfanne
1 Fettpfanne
Backofen
Mörser & Stößel

Nährwerte p. P.

550 kcal
58 g Kohlenhydrate
11 g Fett
53 g Eiweiß

1 Paprika putzen, halbieren sowie deren Kerne und Häutchen herauslösen. Sie wird klein gewürfelt. Mais im Sieb abtropfen. Apfel schälen, zu Vierteln schneiden und das Kerngehäuse entfernen. Die Frucht wird ebenso zu Würfeln geschnitten.

2 Der Reis kocht in einem Topf mit 400 ml Salzwasser gemäß der Packungsangabe.

3 Backofen auf 150 °C Umluft aufheizen. Fleisch abspülen und trocken tupfen. Es wird zu 8 Medaillons geschnitten. Im Mörser den Pfeffer zerstoßen. Folglich brät das Fleisch im heißen Öl in einer Pfanne 1 - 2 Minuten von jeder Seite scharf an. Es wird mit 1 Prise Salz und dem zerstoßenen Pfeffer gewürzt. Die Schweinemedaillons garen circa 8 – 10 Minuten in der Fettpfanne im Ofen.

4 Derweil dünsten Paprika, Apfel, Mais und Tomatenmark im Bratsatz. Das Ganze wird mit Brühe abgelöscht. Der Reis tropft im feinen Sieb ab.

5 Petersilie waschen, trocken schütteln und fein hacken. Ein paar Blätter zur Seite legen.

6 Reis mit der gehackten Petersilie vermischen. Der Reis wird dem Pfanneninhalt untergerührt. Die Medaillons werden final auf dem Reis angerichtet und mit frischen Petersilienblättern bestreut.

JAMBALAYA |

KREOLISCHE REISPFANNE

4 Port.

1,5 Std.

Leicht

Zutaten

500 g Hähnchenkeulen (etwa 6 Stück)
250 g Langkornreis
250 g Staudensellerie
200 g stückige Tomaten
600-800 ml Gemüsebrühe
16 Garnelen
4 Thymianstiele
3 Schinkenscheiben
2 Tomaten
2 Knoblauchzehen
1 Zwiebel
1 grüne Paprika
3 EL Olivenöl
Je 1 TL Salz und Pfeffer
1 Spritzer Tabasco

Küchenutensilien:
1 Bräter

Nährwerte p. P.

520 kcal
46 g Kohlenhydrate
17 g Fett
43 g Eiweiß

1 Paprika putzen, halbieren sowie deren Kerne herauslösen. Sie wird zu Streifen geschnitten. Sellerie putzen sowie zu Scheiben schneiden. Knoblauch und Zwiebel schälen. Die Zwiebel wird fein gewürfelt, der Knoblauch zerdrückt.

2 Schinken abtupfen sowie zu kleinen Stücken schneiden. Garnelen abspülen sowie abtupfen. Notfalls wird der Darm entnommen. Die Keulen waschen, trocken tupfen sowie rundherum mit Salz und Pfeffer einreiben.

3 In einem Bräter wird das Öl erhitzt. Unter Wenden braten darin der Schinken und die Garnelen für circa 2 Minuten. Sie werden folglich dem Topf entnommen. Im Bratfett braten die Keulen folglich etwa 5 Minuten von allen Seiten.

4 Sellerie, Paprika sowie Knoblauch und Zwiebel unterrühren. Alles brät circa 2 - 3 Minuten, ohne zu bräunen. Thymian waschen, abtrocknen und die Blätter abzupfen.

5 In den Schmortopf werden die Tomaten sowie 600 ml Brühe gegossen. Thymian untermischen und alles zugedeckt aufkochen. Es köchelt anschließend bei mittlerer Temperatur 15 Minuten. Reis im Topf unterrühren. Das Ganze köchelt weitere 20 Minuten.

6 Tomaten waschen, den Blütenansatz herausschneiden und das Fruchtgemüse würfeln. Garnelen, Schinken sowie Tomaten dem Topf untermengen. Eventuell werden nochmals 200 ml Brühe benötigt. Das Gericht köchelt jetzt noch 5 Minuten. Der Reis sollte leicht sämig werden. Das Ganze wird mit Salz und Tabasco abgeschmeckt.

ROUGAIL BOUCANÉ |

TOMATIGE SCHWEINEBRUST

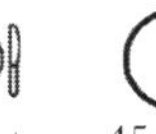

4 Port. 45 Min. Leicht

Zutaten

750 g geräucherte Schweinebrust
1,25 ml Wasser
6 Tomaten (oder 1 Dose stückige Tomaten)
5 Knoblauchzehen
4 Thymianzweige
3 rote Zwiebeln
2 EL Sonnenblumenöl
1 EL Kurkuma
Je 1 Prise Salz und Cayennepfeffer

Küchenutensilien:
1 Topf mit Deckel
Mörser & Stößel

Nährwerte p. P.

303 kcal
1 g Kohlenhydrate
16 g Fett
42 g Eiweiß

1 Aus der Schweinebrust werden erst einmal die Rippen herausgelöst. In einem Topf kocht das Fleisch etwa 15 - 18 Minuten in 1 l Wasser. Das Fleisch darf nicht verkochen.

2 Tomaten waschen und den Blütenansatz entfernen. Sie werden zu Würfeln verarbeitet. Knoblauch schälen sowie im Mörser zermahlen. Er wird mit der Hälfte der Tomaten zu einer Paste vermischt.

3 Das Fleisch aus dem Topf nehmen, trocken tupfen und zu etwa 2 cm großen Würfeln schneiden.

4 Im Öl wird das Fleisch im Topf von allen Seiten angebraten. Darin dünsten die Zwiebeln folglich weich. Anschließend wird die Tomaten-Knoblauch-Paste untergemischt. Kurkuma darüberstreuen und alles kurz rösten.

5 Das übrige Wasser angießen und alles etwa 5 Minuten köcheln. Es wird gelegentlich umgerührt. Thymian waschen und trocknen. Das Kraut landet mit den übrigen Tomaten im Topf. Unter niedriger Temperatur schmort das Gericht bei geschlossenem Deckel nun 25 - 30 Minuten. Final mit je 1 Prise Salz und Cayennepfeffer abschmecken und alles nochmals umrühren.

Hauptgerichte mit Fisch & Meeresfrüchten

CARIBBEAN SHRIMPS |

GARNELENPFANNE

4 Port.

45 Min.

Mittel

Zutaten

400 g Reis
125 g geräuchertes Fischfilet
125 g Garnelen
75 g Frischkäse (Natur)
500 ml Möhrensaft
400 ml Tequila (oder trockener Weißwein)
100 ml Wasser
2 Schalotten
2 orangefarbene Paprika
1 Zucchino
2 EL geröstete Cashewkerne
1 EL Rapsöl
1 Prise Salz

Küchenutensilien:

1 Pfanne
1 Topf
Mörser & Stößel

Nährwerte p. P.

554 kcal
62 g Kohlenhydrate
17 g Fett
25 g Eiweiß

1 Schalotten schälen und zu Streifen schneiden. Paprika putzen, halbieren und deren Häutchen und Kerne herauslösen. Sie werden ebenfalls zu Streifen verarbeitet. Zucchino putzen, der Länge nach halbieren sowie zu Streifen schneiden.

2 Im Öl braten zuerst die Schalotten 2 Minuten in einer Pfanne an. Paprika zugeben und weitere 5 Minuten garen. Die Zucchinostücke nur kurz anbraten. Alles mit dem Tequila ablöschen. Das Ganze köchelt circa 10 Minuten ein.

3 In einen Topf werden Reis, Möhrensaft und das Wasser gegeben. Alles kocht kurz auf und wird mit reduzierter Temperatur entsprechend der Verpackungsanleitung des Reises gegart. 2 Minuten vor dem Garende wird der Reistopf gesalzen.

4 Derweil wird der Gemüsepfanne der Frischkäse untergerührt. Er soll sich komplett auflösen.

5 Fisch abspülen, abtupfen und grob zerteilen. Er landet mit den geputzten und notfalls entdarmten Garnelen im Gemüse. Der Pfanneninhalt wird noch einmal richtig erwärmt.

6 Im Mörser werden die Kerne zerstoßen. Garnelenpfanne mit dem Reis anrichten. Das Gericht wird vor dem Servieren mit den Cashews bestreut.

POISSON CRÉOLE |

KREOLISCHER FISCH

2 Port.

30 Min.

Leicht

Zutaten

250 g Seelachs (etwa 2 Stück)
100 g Staudensellerie
75 g Wildreis
200 ml Wasser
4 Stiele Koriandergrün (oder Petersilie)
1 rote Paprika
1 Zwiebel
2 EL Limettensaft
2 EL Olivenöl
1 TL Limettenschalenabrieb
¼ TL gemahlener Kreuzkümmel
3 Prisen Salz
2 Prisen Pfeffer

Küchenutensilien:
1 Schüssel
1 Topf
1 Pfanne

Nährwerte p. P.

383 kcal
35 g Kohlenhydrate
13 g Fett
28 g Eiweiß

1 Sellerie und Zwiebel schälen sowie zu feinen Würfeln verarbeiten. Das Selleriegrün wird fein gehackt. Paprika putzen, deren Kerne sowie Häutchen entfernen. Das Paprikafleisch fein würfeln. Koriandergrün waschen, trocknen sowie die abgezupften Blätter ebenfalls fein hacken.

2 Die Zutaten aus Schritt 1 in einer Schüssel mit Schalenabrieb und Saft vermengen. 1 EL Öl untermischen und Kreuzkümmel, 1 Prise Salz und 1 Prise Pfeffer dazugeben. Alles mischen. Es zieht circa 10 Minuten.

3 Derweil kocht der Reis im leicht gesalzenen Wasser entsprechend der Packungsangabe in einem Topf.

4 Fisch abspülen, sanft trocken tupfen und mit je 1 Prise Salz und Pfeffer einreiben. Im restlichen Öl brät der Seelachs pro Seite etwa 3 - 4 Minuten. Fisch sowie Reis anrichten und mit der Salsa beträufeln.

CRAWFISH ÉTOUFFÉE |

GEDÜNSTETES KREBSFLEISCH

4 Port.

30 Min.

Leicht

Zutaten

400 g Krebsfleisch (etwa 2 Dosen)
350 g Flusskrebse (etwa 1 Paket)
3 Knoblauchzehen
3 Zwiebeln
3 Stangen Staudensellerie
2 Lorbeerblätter
2 Frühlingszwiebeln
1 grüne Paprikaschote
½ Bund Koriandergrün
2 EL Butter
1 TL Vollkornmehl
½ TL Chiliflocken
1 Prise Salz

Küchenutensilien:
1 Pfanne

Nährwerte p. P.

219 kcal
4 g Kohlenhydrate
7 g Fett
37 g Eiweiß

1 Zwiebeln sowie Knoblauch schälen und fein hacken. Paprika putzen, halbieren und deren Kerne entnehmen. Sie wird klein gewürfelt. Sellerie putzen und zu Würfeln verarbeiten.

2 In einer Pfanne wird die Butter zerlassen. Darin dünsten die Gemüsezutaten aus Schritt 1 circa 10 Minuten. Krebsfleisch und die Flusskrebse dazugeben. Lorbeer hinzufügen und mit Mehl bestreuen. Alles umrühren und bei stetem Umrühren 10 Minuten eindicken.

3 Etwa 2 Minuten vor dem Ende salzen und mit Chiliflocken versehen. Koriandergrün waschen, trocknen und klein hacken. Frühlingszwiebeln putzen sowie zu Ringen schneiden. Sie dienen der Garnierung.

DHON RIHA |

THUNFISCHCURRY

4 Port.

45 Min.

Leicht

Zutaten

400 g Thunfischfilet
200 g Riesengarnelen
15 g Ingwer
400 ml Gemüsebrühe
200 ml Kokosmilch (etwa 1 Dose)
2 Zwiebeln
1 Knoblauchzehe
1 Lorbeerblatt
1 Dose stückige Tomaten
½ Bund Stangensellerie
½ Zimtstange
½ Bund Koriander
4 EL Pflanzenöl
3 EL Currypulver
1 EL Zitronensaft
1 TL Kurkumapulver
Je 2 Prisen Salz und Pfeffer

Küchenutensilien:
2 Pfannen
1 Reibe

Nährwerte p. P.

375 kcal
7 g Kohlenhydrate
25 g Fett
30 g Eiweiß

1 Zwiebel sowie Knoblauch schälen und fein hacken. Ingwer schälen sowie fein reiben. Sellerie putzen, halbieren und zu Scheiben schneiden. Alles dünstet in 2 EL Öl in einer Pfanne glasig an.

2 Jetzt werden Lorbeer, Zimt und Chili dazugegeben. Curry sowie Kurkuma aufstreuen und untermischen.

3 Brühe, Milch und Tomaten samt Saft werden angegossen. Alles salzen und pfeffern sowie anschließend 15 Minuten köcheln. Es soll bei mittlerer Hitze ein wenig sämig einkochen.

4 Fisch abspülen, trocken tupfen und eventuell von Gräten befreien. Er wird zu mundgerechten Stücken geschnitten. Garnelen abspülen, trocken tupfen und eventuell entdarmen. Beides wird in Portionen in je ½ EL Öl in der zweiten Pfanne für 2 Minuten rundherum angebraten.

5 Fisch und Garnelen kräftig salzen und pfeffern. Sie landen jetzt im Currytopf. Alles gart nun noch 5 Minuten. Derweil den Koriander waschen, trocken schütteln und klein hacken. Das Ganze mit dem Zitronensaft abschmecken und dem Koriander dekorieren.

ACCRAS |

FISCHBÄLLCHEN

4 Port.

1 Std.

Leicht

Zutaten

250 g Kabeljaufilet
50 g Erdnusskerne
50 g Vollkornmehl
25 g Paniermehl
500 ml Pflanzenöl
50 ml Milch
1 Chilischote
1 Ei
1 Knoblauchzehe
½ Bund Frühlingszwiebeln
1 TL Currypulver
½ TL Pfeffer
2 Prisen Salz

Küchenutensilien:
1 Standmixer
1 Mühle
1 Schüssel
1 Pfanne
Küchenpapier

Nährwerte p. P.

281 kcal
16 g Kohlenhydrate
16 g Fett
17 g Eiweiß

1 Fisch abspülen und trocken tupfen. Er wird von Gräten befreit und anschließend gewürfelt.

2 Chili putzen sowie der Länge nach aufschneiden. Die Schote wird entkernt und ebenso zu Würfeln verarbeitet. Frühlingszwiebel putzen und zu Ringen schneiden. Knoblauch schälen und grob hacken.

3 Alle bisher zubereiteten Zutaten aus Schritt 1 und 2 werden im Mixer mit dem Curry, Salz und dem Pfeffer fein püriert.

4 Erdnüsse fein mahlen. 35 g davon werden mit dem Mehl, Ei, Milch und 1 Prise Salz zu einem dickflüssigen Teig verarbeitet. Darunter wird das Fischpüree vermengt. Die Masse steht etwa 30 Minuten kalt.

5 In einer Schüssel werden die restlichen Erdnüsse mit dem Paniermehl vermischt. In den Händen formen sich folglich 12 gleich große Kugeln heraus. Sie werden im Erdnuss-Paniermehl gewälzt.

6 Das Öl wird in einer Pfanne auf 180 °C erhitzt. Für je 5 - 6 Minuten braten zweimal 6 Bällchen goldbraun aus. Sie tropfen auf dem Küchenpapier ab.

CREVETTES A LA CREME |

CURRY-SAHNE-SHRIMPS

 4 Port.

 30 Min.

 Leicht

Zutaten

400 g Spaghetti
200 g Garnelen
50 g Zwiebeln
300 ml Gemüsebrühe
200 ml Schlagsahne
2 Avocados
1 Knoblauchzehe
1 rote Chilischote
1 Zitrone
1 glatter Petersilienbund
1 EL Pflanzenöl
1 EL Currypulver
1 EL Speisestärke
1 Prise Salz
1 Prise Pfeffer

Küchenutensilien:
2 Schüsseln
2 Töpfe
1 Sieb

Nährwerte p. P.

778 kcal
76 g Kohlenhydrate
42 g Fett
25 g Eiweiß

1 Zwiebeln und Knoblauch schälen. Die Zwiebeln werden grob, der Knoblauch fein gehackt. Chili putzen, deren Kerne herauslösen und die Schote zu Streifen schneiden. Zitrone heiß abwaschen, abtrocknen und von der Schale Abrieb erzeugen. Sie wird folglich halbiert. Es werden 4 EL Zitronensaft benötigt.

2 Nudeln entsprechend der Packungsangabe im leicht gesalzenen Wassertopf kochen. Shrimps abspülen und abtupfen.

3 Avocados schälen, halbieren sowie den Stein entfernen. Sie werden zu Streifen verarbeitet und im Zitronensaft gewälzt. Petersilie waschen, trocken schütteln und die abgezupften Blätter fein hacken.

4 Im zweiten Topf wird das Öl auf Temperatur gebracht. Darin dünsten Zwiebel, Knoblauch sowie Chili an. Nun wird alles mit der Brühe und der Sahne abgelöscht.

5 Den Topfinhalt mit Curry, Zitronenschale, Salz sowie Pfeffer würzen. Die Soße kocht für 5 Minuten ein.

6 In einer Schüssel wird die Stärke in 2 EL kaltem Wasser aufgelöst. Sie wird anschließend in die Soße gerührt. Wenn diese bindet, Avocado und Shrimps hinzugeben.

7 Die abgetropften Spaghetti werden in der Soße untergemischt. Vor dem Servieren wird die Speise mit je 1 Prise Salz und Pfeffer sowie der Petersilie bestreut.

CAZUELA |

FISCHTOPF

6 Port. 45 Min. Leicht

Zutaten

1 kg Venusmuscheln
750 g Riesengarnelen
750 g Dorade (oder Kabeljau)
750 g Tomatenmark
500 g Tintenfische
200 g Möhren
250 g Crème fraîche (oder süße Sahne)
30 g Butter
2 ½ l Wasser
250 ml Weißwein (oder Sherry)
2 Tomaten
2 Stangensellerie
1 Gemüsezwiebel
Je 1 Prise Salz und schwarzer Pfeffer

Küchenutensilien:
2 Töpfe mit Deckel
1 Sieb
1 Reibe

Nährwerte p. P.

769 kcal
33 g Kohlenhydrate
27 g Fett
98 g Eiweiß

1 In einem Topf mit 250 ml Wasser kochen die Muscheln circa 5 Minuten. Die Muscheln tropfen im Haarsieb ab und werden folglich ausgelöst. Der Sud wird in einem zweiten Topf aufgefangen.

2 Nun kochen die Garnelen im restlichen Wasser etwa 4 Minuten und werden anschließend geschält. Die Schalen werden mit dem Stabmixer püriert und dem Sudtopf beigemengt.

3 Möhren schälen sowie reiben. Sellerie putzen, klein schneiden und fein hacken. Tintenfische abspülen, abtrocknen sowie zu feinen Streifen verarbeiten. Alles wird dem Topf mit dem Sud beigemengt. Alles köchelt etwa 15 Minuten.

4 Zwiebel schälen sowie klein schneiden. Tomate waschen, halbieren und deren Stielansatz herausschneiden. Sie wird klein gewürfelt. Beides brät in der Butter im Topf an. Mit je 1 Prise Salz und Pfeffer würzen und den Deckel auf die Pfanne legen. Der Inhalt köchelt etwa 5 Minuten weiter. So entsteht ein Hogao - eine Art flüssiger Dip oder Kochsoße.

5 Fisch abspülen, trocken tupfen sowie mundgerecht schneiden. Die abgetropften Garnelen landen mit dem Fisch im Hogao. Das Ganze köchelt etwa 5 Minuten. Tomatenmark untermischen und den Sud angießen. Nach 2 Minuten den Wein angießen. Nach 1 weiteren Minute wird die Crème fraîche untergerührt.

Vegetarische Hauptgerichte

RIZ FRIT |

GEBRATENER REIS

2 Port. 20 Min. Leicht

Zutaten

300 g Reis (am besten vom Vortag und nochmals abgewaschen)
7 Knoblauchzehen
3 Eier
2 Schalotten
2 Zwiebelsprossen
1 Chilischote
1 EL Sesamöl
1 EL helle Sojasoße
1 EL dunkle Sojasoße
1 EL Austernsoße
1 TL Zucker
1 Prise Salz

Küchenutensilien:
2 Schüsseln
1 Wokpfanne (oder 1 breite, flache Pfanne)

Nährwerte p. P.

360 kcal
29 g Kohlenhydrate
24 g Fett
9 g Eiweiß

1 In einer Schüssel werden sämtliche Soßen, der Zucker und das Salz vermischt. 3 Knoblauchzehen schälen und fein hacken. Sie werden in dieser Schüssel untergerührt.

2 Eine Wokpfanne auf Temperatur bringen. Den restlichen Knoblauch schälen sowie zu dünnen Scheiben verarbeiten. Er brät unter stetem Umrühren im Öl, bis er sich bräunlich färbt. Chili putzen und klein schneiden.

3 Schalotten schälen und klein würfeln. Zwiebelsprossen abspülen und klein hacken. Jetzt wird der Reis hinzugefügt. Unter ständigem Umrühren braten diese mit der Chili für 2-3 Minuten in der Pfanne mit.

4 Eier in eine Schüssel aufschlagen, verquirlen und dem Wok hinzugießen. Alles sanft 2 Minuten umrühren.

GRATIN DE CHOU CHOU |

KÜRBIS-CHAYOTE-GRATIN

 4 Port.

 20 Min.

 Leicht

Zutaten

600 g Kürbis
425 g Chayote (etwa 1 Stück oder Zucchini)
75 g geriebener Gruyère (oder Comté oder anderer Bergkäse)
30 g Butter
30 g Vollkornmehl
20 g Pankomehl (oder Semmelbrösel)
300 ml Milch
50 ml Wasser
3 Thymianzweige
1 Knoblauchzehe
1 Zwiebel
2 EL Olivenöl
Je ½ TL Cayennepfeffer und frisch geriebene Muskatnuss
¼ TL Zucker
Je 1 Prise Meersalz und frisch gemahlener schwarzer Pfeffer

Küchenutensilien:

1 Pfanne mit Deckel
1 Auflaufform (etwa 28 cm Durchmesser)
1 Topf
1 Schneebesen
1 Stampfer
Backofen

Nährwerte p. P.

308 kcal
18 g Kohlenhydrate
21 g Fett
12 g Eiweiß

1 Zwiebel schälen und würfeln. Knoblauch schälen und fein hacken. Kürbis schälen, die Kerne und Fäden entnehmen und das Kürbisfleisch wie die geschälte Chayote zu etwa 2 cm großen Würfeln schneiden. Thymian waschen, trocken schütteln und Blätter abzupfen.

2 In einer Pfanne dünsten die Zwiebeln für 5 - 7 Minuten im heißen Öl weich. Kürbis und Chayote einrühren. Folglich Thymian, Knoblauch, Zucker und Cayennepfeffer dazugeben. Alles gut mischen und 5 Minuten braten.

3 Jetzt wird 50 ml Wasser angegossen. Unter dem geschlossenen Deckel köchelt das Ganze nun etwa 30 Minuten.

4 Derweil wird in einem Topf die Butter zerlassen. Mittels Schneebesen das Mehl einrühren. Alles dickt an und wird leicht hellbraun. Nach etwa 2 Minuten wird nach und nach die Milch angegossen. Alles kocht anschließend auf. Je 1 Prise Salz und Pfeffer werden in Topf untergerührt. Das Ganze dickt folglich unter reduzierter Temperatur in 2 bis 3 Minuten leicht ein.

5 Nun werden 50 g Käse und der Muskat eingerührt. Der Käse soll sich komplett auflösen. Die Soße soll glatt und homogen sein.

6 Backofen auf 210 °C Ober- / Unterhitze aufheizen. Kürbis und Chayote mit dem Stampfer klein drücken. Wahlweise darf die Masse auch vollkommen glatt verarbeitet werden. Die Masse landet in der Auflaufform. Alles mit der Soße übergießen. On top werden der restliche Käse und das Pankomehl gestreut. Das Gratin backt in 20 Minuten im Ofen goldbraun.

IGNAME GLACÉE | GLASIERTE YAMSWURZEL

4 Port.

45 Min.

Leicht

Zutaten

1 kg Yamswurzel (oder Süßkartoffel)
200 g Ananas
100 g Vollrohrzucker
60 g Butter
530 ml Wasser
1 TL Orangenschalenabrieb
1 TL Limettenschalenabrieb
1 TL Speisestärke
1 Prise Salz

Küchenutensilien:
1 Kochtopf
1 Sieb
1 Standmixer
1 Pfanne

Nährwerte p. P.

509 kcal
87 g Kohlenhydrate
13 g Fett
6 g Eiweiß

1 Yamswurzel schälen sowie zu circa 8 cm dicken Scheiben schneiden. In einem Kochtopf mit 500 ml kochendem Wasser garen diese etwa 10 Minuten. Folglich tropfen sie im Sieb ab und kühlen aus.

2 Ananas schälen sowie das Fruchtfleisch grob würfeln. Es wird in einem Standmixer zerkleinert.

3 Nun wird die Butter in einer Pfanne geschmolzen. Zucker und Salz einstreuen und alles umrühren. Die beiden Sorten Schalenabrieb darin vermischen und das Ananaspüree unterrühren.

4 In einer Schüssel mit 3 EL Wasser wird die Stärke aufgelöst. Sie wird dem Pfanneninhalt untergerührt.

5 Yamswurzelscheiben hinzufügen und alles bei geringer Temperatur 20 Minuten köcheln. Die Pfanne muss gelegentlich geschwenkt werden.

MARMITE DE LÉGUMES |

GEMÜSETOPF

4 Port.

35 Min.

Leicht

Zutaten

400 g Möhren
200 g grüne Bohnen
150 g rote Zwiebeln
100 g Langkornreis
30 g Butter
1,25 l Gemüsebrühe
2 Maiskolben
1 rote Paprika
1 Knoblauchzehe
1 Avocado
½ Bund Koriander
2 EL Tomatenmark
1 EL Weißweinessig
Je 1 Prise Salz, Cayennepfeffer und Zucker
1 Msp. gemahlener Safran

Küchenutensilien:
1 Topf mit Deckel

Nährwerte p. P.

356 kcal
40 g Kohlenhydrate
18 g Fett
9 g Eiweiß

1 Mais putzen, trocknen sowie zu circa 2 cm dicken Scheiben schneiden. Möhren putzen sowie zu etwa 1 cm dicken Scheiben schneiden. Paprika putzen, halbieren und deren Häutchen sowie Kerne entfernen. Sie wird zu 1 cm großen Würfeln geschnitten. Zwiebeln schälen, halbieren und wie den geschälten Knoblauch zu Scheiben schneiden. Bohnen putzen und halbieren.

2 In einem Topf wird die Butter zerlassen. Darin dünstet der Knoblauch glasig an. Reis, Gemüse und Safran dazugeben. Das Tomatenmark unterrühren.

3 Nach etwa 2 Minuten wird der Topf mit der Brühe aufgefüllt. Salzen und unter geschlossenem Deckel circa 18 – 20 Minuten bei mittlerer Temperatur köcheln. Hierbei nach der Packungsangabe vom Reis richten!

4 Avocado schälen, halbieren sowie deren Stein herauslösen. Das Avocadofleisch wird fein gewürfelt und in einer Schüssel mit dem Essig vermischt. Koriander waschen, trocken schütteln und dessen Blätter fein hacken. Alles landet für eine Erwärmung im Topf.

5 Alles gut umrühren und mit den restlichen Gewürzen abschmecken.

CREOLE PASTA |

KREOLISCHE PASTA

2 Port. 25 Min. Leicht

Zutaten

250 g Rigatoni
150 g Staudensellerie
50 g Rosinen
500 ml Wasser
2 Knoblauchzehen
2 Zwiebeln
2 Orangen
2 Stiele Koriandergrün
2 EL Olivenöl
2 TL Currypulver
Je 1 Prise Salz und Pfeffer

Küchenutensilien:

1 Topf
1 Pfanne
1 Sieb

Nährwerte p. P.

668 kcal
114 g Kohlenhydrate
14 g Fett
18 g Eiweiß

1 Sellerie putzen sowie zu dünnen Scheiben schneiden. Zwiebel und Knoblauch schälen sowie zu feinen Streifen verarbeiten. Orange schälen, von den weißen Häutchen befreien sowie das Fruchtfleisch zu Filets schneiden. Den Saft dabei auffangen.

2 Nudeln entsprechend der Packungsangabe im gesalzenen und mit 1 TL Curry versehenen Wasser zubereiten.

3 Derweil wird das Öl in einer Pfanne erhitzt. Darin dünsten Zwiebel, Knoblauch und Sellerie kurz an. Rosinen hinzufügen und das restliche Curry aufstreuen sowie unterrühren. Folglich werden die Orangenfilets mit dem Saft beigemengt.

4 Nudeln im Sieb abtropfen. Sie wärmen in der Pfanne. Koriandergrün waschen, trocknen und fein hacken. Es wird mit dem Salz und Pfeffer der Speise untergemischt.

BOULETTES DE PATATES |

SÜẞKARTOFFELKLÖẞE

6 Port.

1 Std. 15 Min.

Leicht

Zutaten

750 g Kartoffeln (mehligkochend + möglichst vom Vortag)
400 g Süßkartoffeln
225 g Vollkornmehl
20 g flüssiger Honig
1,75 l Wasser
4 Eier
1 EL Pflanzenöl
1 EL Vollkornmehl
3 Prisen Salz
1 Prise frisch gemahlener weißer Pfeffer

Küchenutensilien:

1 Kochtopf
1 Reibe
1 Schüssel
1 Küchentuch
1 Pfanne
1 Schaumlöffel

Nährwerte p. P.

358 kcal
60 g Kohlenhydrate
7 g Fett
12 g Eiweiß

1 Am Vortag Kartoffeln putzen und im Kochtopf mit 1 l Salzwasser etwa 18 – 20 Minuten kochen. Sie werden warm geschält und kühlen aus.

2 Kartoffeln mit der Reibe raspeln. Sie werden in einer Schüssel mit den aufgeschlagenen Eiern und dem Mehl plus 1 Prise Salz zu einem homogenen Teig verarbeitet. Er wird mit einem Küchentuch bedeckt und zur Seite gelegt.

3 Süßkartoffeln schälen sowie zu 5 mm dicken Würfeln schneiden. In einer Pfanne wird das Öl auf Temperatur gebracht. Darin braten die Süßkartoffelwürfel etwa 6 - 8 Minuten goldbraun. Honig untermischen und den Pfanneninhalt salzen sowie pfeffern. Sie kühlen ab.

4 Der Kartoffelteig wird zu 12 gleich großen Teilen aufgeteilt. Sie werden zu Kugeln geformt und dann in der bemehlten Hand flach gedrückt. Darauf wird 1 EL Süßkartoffelfüllung gegeben. Jetzt müssen sie richtig verschlossen werden.

5 Im Kochtopf werden nun 750 ml Wasser zum Kochen gebracht. Temperatur zurückdrehen und die Klöße in den Topf geben. Sie ziehen unter dem Siedepunkt 20 Minuten. Klöße mit dem Schaumlöffel entnehmen und abtropfen.

CASSAVA |
MANIOKBÄLLCHEN

 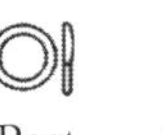  

4 Port. 45 Min. Leicht

Zutaten

500 g Maniok
250 g Butter
500 ml Wasser
125 ml Milch
100 ml Olivenöl
1 Ei
1 Knoblauchzehe
1 Stück Ingwerwurzel (etwa 2 cm)
½ Zwiebel
1 EL gehackte Petersilie
½ TL gehackter Thymian
Je 1 Prise Salz und Pfeffer
(1 EL Paniermehl)

Küchenutensilien:
1 Kochtopf
1 Stabmixer
1 Tasse
1 Quirl
1 Pfanne
Mörser & Stößel

Nährwerte p. P.

734 kcal
40 g Kohlenhydrate
63 g Fett
2 g Eiweiß

1 Maniok schälen und in einem Kochtopf mit leicht gesalzenem Wasser circa 20 Minuten garen. Er soll weich werden. Der Strunk wird nach dem Kochen herausgeschnitten und der Maniok selbst mit einem Stabmixer püriert.

2 Ingwer und Knoblauch schälen. Sie werden im Mörser mit 1 Prise Salz zerdrückt. In einer Tasse wird das aufgeschlagene Ei verquirlt. Zwiebel schälen und fein hacken.

3 Bis auf das Öl werden nun alle Zutaten im Maniokpüree vermischt. Wem der Teig zu dick ist, der gibt etwas Milch hinzu. Wem der Teig zu dünn ist, der mischt ein wenig Paniermehl unter. Der Teig soll zu kleinen Bällchen ausgeformt werden.

4 In einer Pfanne braten die Maniokbälle goldbraun an.

Vegane Hauptgerichte

CARIBBEAN DHAL PURI |

WÜRZIGE TEIGFLADEN

12 Port.

2 Std. 45 Min.

Leicht

Zutaten

800 g Vollkornmehl
200 g Erbsen (über Nacht eingeweicht)
250 ml lauwarmes Wasser
200 ml Wasser
120 ml Pflanzenöl
4 Knoblauchzehen
2 Chilischoten
4 TL Backpulver
2 TL gemahlener Kreuzkümmel
Je 1 TL Zucker und Salz

Küchenutensilien:
1 Topf
1 Sieb
1 Backblech
1 Standmixer
1 Schüssel
1 Rührschüssel
1 Nudelholz
1 Eisenpfanne
Frischhaltefolie

Nährwerte p. P.

276 kcal
37 g Kohlenhydrate
12 g Fett
6 g Eiweiß

1 Die abgespülten Erbsen werden im Topf mit dem Wasser und 1Prise Salz aufgekocht. Die Erbsen sollen bissfest bleiben. Sie tropfen im Sieb ab und trocknen auf einem Backblech.

2 Chili putzen und Knoblauch schälen. Sie landen im Standmixer. Erbsen sowie Kreuzkümmel dazugeben und alles zu einer feinen Masse mixen. Die Paste soll nicht zu feucht sein.

3 In einer Schüssel wird die Mischung aus dem Mixer mit der Gabel aufgelockert.

4 Folglich werden Mehl, Backpulver, Zucker und das restliche Salz in einer Rührschüssel vermischt. Nun wird 1 EL Öl darin eingearbeitet. Nach und nach das lauwarme Wasser angießen und alles verkneten. Ein leichter Teig entsteht. Dieser wird 3 Minuten lang geknetet.

5 Der Teig wird nun mit Öl eingerieben. Er zieht für mindestens 30 Minuten.

6 Blech einfetten und den Teig auf der bemehlten Arbeitsplatte für 2 Minuten kneten. Er wird zu 12 gleich großen Stücken geschnitten. Ein Teil wird nun zu einem Kreis von circa 5 cm Durchmesser ausgerollt.

7 In der Hand wird der Fladen zu einer Tasse geformt. Darin landet 1 EL Füllung, welche mit Teig umschlossen wird. Die einzelnen Stücke werden mit Öl eingepinselt. Alle Teigstücke mit Frischhaltefolie einwickeln. Sie ziehen 30 Minuten.

8 Auf der bemehlten Küchenplatte werden die Teigkugeln platt gedrückt und mit dem Nudelholz von der Mitte hin ausgerollt.

9 Derweil wird die Pfanne auf Temperatur gebracht. Das Mehl abklopfen und die Teigplatten in der Pfanne backen, bis sie Blasen werfen. Jetzt werden sie mit Öl bepinselt, gewendet und garen etwa 30 Sekunden. Erneut mit Öl bepinseln, wenden und nochmals 45 Sekunden braten.

TOUFFÉ BRINGEL |

GESCHMORTE AUBEERGINE

2 Port.

1 Std. 5 Min.

Leicht

Zutaten

260 g Kartoffeln (mehligkochend)
200 g Aubergine
140 g Tomaten
200 ml Wasser
4 Thymianzweige
1 rote Zwiebel
2 Knoblauchzehen
1 Stück Ingwer (etwa 2,5 cm)
1 rote Chili
1 Handvoll Koriandergrün
2 EL Olivenöl
1 EL Salz
Je 1 Prise Zucker und frisch gemahlener schwarzer Pfeffer

Küchenutensilien:
1 Schüssel
1 tiefe Pfanne mit Deckel

Nährwerte p. P.

277 kcal
27 g Kohlenhydrate
16 g Fett
5 g Eiweiß

1 Aubergine putzen und zu groben Würfeln zerschneiden. In einer Schüssel ziehen sie mit dem Salz bestreut etwa 20 Minuten durch. Sie werden folglich mittels Küchenpapier abgetrocknet.

2 Zwiebel schälen und zu Scheiben verarbeiten. Knoblauch sowie Ingwer schälen und fein hacken. Chili putzen sowie fein hacken. Kartoffeln schälen sowie vierteln. Tomaten waschen, deren Blütenansatz herausschneiden und sie ebenfalls fein hacken. Thymian waschen, trocken schütteln und dessen Blätter fein hacken.

3 In einer Pfanne dünsten die Zwiebeln im heißen Öl glasig an. Kartoffeln dazugeben und Knoblauch wie Ingwer unterrühren. Alles bräunt etwa 5 Minuten an.

4 Die restlichen Zutaten, bis auf das Koriandergrün, beigeben und alles mischen. Nach circa 2 Minuten wird das Wasser angegossen. Kartoffeln und Auberginen sollten bedeckt sein. Unter geschlossenem Deckel schmort das Gericht nun etwa 25 Minuten. Die letzten Minuten der Garzeit den Deckel abnehmen, sodass die Soße reduziert.

5 Koriandergrün waschen, trocken schütteln und die Blätter abzupfen. Vor dem Servieren mit den Korianderblättern bestreuen.

LENTEJAS |

CREMIGE LINSEN

 4 Port.

 45 Min.

 Leicht

Zutaten

250 g Linsen
1 l Wasser
4 Thymianzweige
2 Knoblauchzehen
1 Zwiebel
1 Stück Ingwer (etwa 2,5 cm)
1 Lorbeerblatt
3 EL Olivenöl
2 EL gehacktes Koriandergrün
1 TL Meersalz
1 TL Kreuzkümmelpulver
½ TL Kurkumapulver

Küchenutensilien:

1 Sieb
1 Kochtopf
1 Pfanne
1 Stampfer

Nährwerte p. P.

311 kcal
28 g Kohlenhydrate
13 g Fett
19 g Eiweiß

1 Linsen waschen. Sie tropfen im Sieb ab. Zwiebel schälen und zu feinen Scheiben verarbeiten. Knoblauch sowie Ingwer schälen und fein hacken. Thymian waschen, trocken schütteln und dessen Blätter abzupfen.

2 In einem Kochtopf mit Wasser kochen die Linsen samt Lorbeerblatt auf. Sie köcheln etwa 25 Minuten offen.

3 Derweil dünsten die Zwiebeln in einer Pfanne circa 5 Minuten im heißen Öl weich. Ingwer, Thymian und Knoblauch hinzufügen und alles 2 Minuten dünsten.

4 Gewürze unterrühren und den Inhalt etwa 1 Minute bei stetem Umrühren scharf anbraten. Anschließend wird die Pfanne vom Herd genommen.

5 Folglich wird die Zwiebelpfanne unter die fertigen Linsen gerührt. Das Ganze köchelt jetzt noch 10 Minuten. Mit dem Stampfer wird der Topfinhalt etwas angedrückt. Die Speise wird somit cremiger. Vor dem Servieren die gewaschenen Korianderblätter darüberstreuen.

Tipp: Mit je 1 EL Joghurt auf der Speise erhält das Gericht noch einen frischen Pep. Dann bleibt es nur nicht mehr vegan.

FRUIT PAIN FRIT | GEBRATENE BROTFRUCHT

4 Port. 2,5 Std. Leicht

Zutaten

1 kg Brotfrucht (oder Süßkartoffel)
500 ml Wasser
100 ml Orangensaft
100 ml Limettensaft
24 Austern (möglichst ausgelöst)
6 Pfefferkörner
6 Koriandersamen
3 Schalotten
2 Knoblauchzehen
1 rote Chili
1 Lorbeerblatt
2 EL Pflanzenöl
3 Prisen Salz

Küchenutensilien:
1 Schüssel
1 Pfanne
1 Kochtopf

Nährwerte p. P.

339 kcal
67 g Kohlenhydrate
3 g Fett
9 g Eiweiß

1 Austern eventuell öffnen sowie deren Fleisch auslösen. In einer Schüssel wird das Muschelfleisch mit einem Mix aus beiden Säften übergossen.

2 Knoblauch sowie Schalotten schälen. Knoblauch zu Würfeln schneiden, Schalotten zu langen Streifen verarbeiten. Chili putzen, der Länge nach halbieren sowie entkernen. Die Schote wird folglich klein gehackt. In einem Mörser Pfeffer und Koriander mahlen.

3 Die vorbereiteten Zutaten aus Schritt 2 werden mit Lorbeer in die Austernschüssel gegeben. Das Ganze mariniert etwa 2 Stunden im Kühlschrank.

4 In einer Pfanne werden die Austern samt Marinade allmählich und sanft erwärmt und bis fast zum Siedepunkt erhitzt. Anschließend mit Salz würzen und in eine Schüssel geben. Da kühlen sie ab.

5 Brotfrucht schälen sowie zu circa 8 cm dicken Scheiben schneiden. In einem Kochtopf mit gesalzenem Wasser garen sie für 5 Minuten. Sie tropfen und kühlen im Sieb ab.

6 Jetzt wird das Öl in der gesäuberten Pfanne erhitzt. Die Brotfrucht brät darin beidseitig knusprig braun an. Auf dem Küchenpapier tropfen sie ab. Brotfruchtscheiben mit 1 Prise Salz würzen und mit den Austern on top servieren.

POTÉE DE PLANTAINS |

KOCHBANANENTOPF

 6 Port.
 45 Min.
 Leicht

Zutaten

1 ½ kg Spinat
1 kg Kochbananen
750 ml Wasser
5 Knoblauchzehen
3 Lauchstangen
1 Habanerochili
Saft 1 Limette
1 Prise Salz

Küchenutensilien:
1 Topf

Nährwerte p. P.

401 kcal
65 g Kohlenhydrate
9 g Fett
12 g Eiweiß

1 Bananen schälen sowie zu circa 5 mm dicken Scheiben schneiden. Sie kochen in einem Topf mit Wasser kurz auf. Folglich köcheln sie bei niedriger Temperatur etwa 10 - 12 Minuten.

2 Spinat abspülen, abtrocknen und verlesen. Lauch putzen sowie zu feinen Streifen schneiden. Knoblauch schälen und fein hacken. Chili putzen sowie mit der Gabel mehrmals einstechen.

3 Bis auf das Salz werden sämtliche Zutaten in den Bananentopf gegeben. Das Ganze köchelt weitere 15 Minuten. Vor dem Servieren die Chilischote entnehmen und alles salzen.

GRATIN D'AUBERGINES |
AUBERGINENAUFLAUF

4 Port.

1 Std. 15 Min.

Leicht

Zutaten

400 ml Kokosmilch
2 Auberginen
2 Zwiebeln
2 rote Chili
1 TL Pflanzenöl
1 Prise TL Salz
1 TL Prise frisch gemahlener schwarzer Pfeffer

Küchenutensilien:
1 Auflaufform mit Deckel
Backofen

Nährwerte p. P.

300 kcal
12 g Kohlenhydrate
25 g Fett
5 g Eiweiß

1 Auberginen putzen sowie abtrocknen. Sie werden zu circa 5 mm dicken Scheiben geschnitten. Zwiebeln schälen, halbieren und zu dünnen Scheiben verarbeiten. Die Chili der Länge nach halbieren, deren Kerne herauslösen und die Schote klein hacken.

2 Ofen auf 180 °C Ober- / Unterhitze einstellen. Die Ofenform mit dem Öl einfetten und die erste Auberginenschicht einlegen. Danach wird eine Zwiebelschicht aufgelegt. So wird verfahren, bis die Zutaten verbraucht sind. Jede Schicht wird gesalzen, gepfeffert und mit Chili bestreut.

3 Milch angießen und den Deckel auflegen. Der Auflauf backt nun 45 Minuten im Backofen.

4 Temperatur auf 220 °C erhöhen und den Deckel abnehmen. Der Auberginenauflauf backt nun weitere 15 Minuten offen zu einer goldbraunen Farbe.

ARROZ CARIBE |

KARIBISCHER REIS

2 Port.

30 Min.

Leicht

Zutaten

150 g Basmatireis
200 ml Kokosmilch
200 ml Gemüsebrühe
1 rote Chilischote
1 Stiel Koriandergrün
1 Zwiebel
2 EL Olivenöl
1 TL Kreuzkümmel

Küchenutensilien:
1 Pfanne

Nährwerte p. P.

386 kcal
66 g Kohlenhydrate
11 g Fett
6 g Eiweiß

1 Chilischote der Länge nach halbieren. Sie wird entkernt und zu Streifen verarbeitet. Zwiebel schälen und würfeln. In einer Pfanne dünsten die beiden Zutaten im erhitzten Olivenöl samt dem Kreuzkümmel für nur 1 Minute.

2 Reis dazugeben und nur 30 Sekunden unter Rühren andünsten. Folglich wird mit Kokosmilch und Brühe aufgefüllt. Alles aufkochen und zugedeckt unter niedriger Temperatur 20 Minuten quellen.

3 Koriandergrün waschen, trocken schütteln und die Blätter grob hacken. Damit wird die Speise vor dem Servieren garniert.

CURRY GOMBO |

OKRA-MÖHREN-CURRY

4 Port.

25 Min.

Leicht

Zutaten

450 g Möhren
8 Okraschoten
60 g Schalotten
2 EL Erdnussöl
1 grüne Chili
175 ml Kokosmilch
1 TL gemahlener Kreuzkümmel
1 TL gemahlener Koriander
½ TL gemahlene Fenchelsamen
½ TL Kurkumapulver
½ TL frisch gemahlener Cayennepfeffer
½ TL Salz

Küchenutensilien:
1 Kasserolle mit Deckel

Nährwerte p. P.

251 kcal
12 g Kohlenhydrate
18 g Fett
6 g Eiweiß

1 Schalotten schälen und fein hacken. Chili putzen und nach Vorliebe gern mit den Kernen ebenfalls fein hacken. Möhren putzen sowie zu circa 5 mm dicken Scheiben schneiden. Okraschoten putzen und klein schneiden.

2 In einer Kasserolle das Öl auf Temperatur bringen. Schalotten und Chili dünsten darin circa 2 Minuten an.

3 Sämtliche Gewürze mit den Möhren und den Okras hinzufügen. Alles köchelt unter stetem Umrühren 3 - 4 Minuten.

4 Kokosmilch angießen und gut verrühren. Nachdem das Ganze einmal aufgekocht ist, köchelt es unter geschlossenem Deckel weitere 5 Minuten bei mittlerer Hitze.

Tipp: Kleine Okraschoten bis zu 10 cm Länge haben den besten Geschmack und sind einfacher zuzubereiten.

MATTAR BATATA |

SÜẞKARTOFFEL-ERBSEN-TOPF

4 Port.

45 Min.

Leicht

Zutaten

450 g Süßkartoffeln
300 g Erbsen (TK)
250 ml Wasser
3 Tomaten
3 EL Erdnussöl
1 ½ TL Salz
1 TL Zucker
1 TL gemahlene Koriandersamen
Je ½ TL braune Senfsamen, Kreuzkümmel, Chiliflocken und Kurkumapulver

Küchenutensilien:
1 Topf mit Deckel

Nährwerte p. P.

305 kcal
38 g Kohlenhydrate
14 g Fett
6 g Eiweiß

1 Die Erbsen tauen auf. Derweil werden die Kartoffeln geputzt, geschält und zu groben Stücken zerschnitten. Tomaten putzen, deren Blütenansatz herausschneiden und das Fruchtgemüse zu groben Stücken verarbeiten.

2 In einem Topf wird das Öl erhitzt. Senfsamen, Kreuzkümmel und Chiliflocken untermischen. Sobald die Senfsamen zu springen beginnen, werden die Kartoffeln dazugegeben. Sie braten etwa 10 Minuten an und sollten etwas Farbe bekommen. Folglich werden die restlichen Gewürze, außer das Salz, untergemischt.

3 Nach 2 Minuten Köcheln Erbsen hinzugeben und alles mit dem Wasser aufgießen. 1 TL Salz einstreuen, alles umrühren und aufkochen. Wenn es kocht, wird die Temperatur auf niedrige Stufe gestellt. Unter dem Deckel schmort das Gemüse etwa 15 Minuten.

4 Tomaten und den Rest Salz im Gericht vermengen. Jetzt köchelt alles noch 10 weitere Minuten offen vor sich hin.

Fingerfood & Snacks

SAMOUSSAS |

GEFÜLLTE TEIGTASCHEN

 8 Port.

 1,5 Std.

 Leicht

Zutaten

375 g Süßkartoffeln
275 g Weizenvollkornmehl
250 ml Frittieröl
730 ml Wasser
1 grüne Chili
1 Stück Ingwer (circa 2 cm)
7 EL Sonnenblumenöl
5 EL Erbsen (frisch oder TK)
3 TL Garam Masala
1 TL Kreuzkümmel
2 ½ TL Salz

Küchenutensilien:

2 Schüsseln
1 Kochtopf
1 Pfanne

Nährwerte p. P.

523 kcal
53 g Kohlenhydrate
30 g Fett
8 g Eiweiß

1 In einer Schüssel werden das Mehl, 1 TL Salz, 130 ml Wasser und 5 EL Öl zu einem Teig geknetet. Er wird nach ein paar Minuten Kneten zu einer Kugel geformt und ruht bei Zimmertemperatur unter einem feuchten Küchentuch etwa 30 Minuten.

2 Kartoffeln putzen. Sie garen in einem Topf mit 1 Prise gesalzenem Wasser (500 ml) in circa 18 - 20 Minuten. Derweil die Erbsen waschen, verlesen oder auftauen.

3 Chilischote putzen sowie deren Kerne entfernen. Sie wird zu kleinen Stücken geschnitten. Ingwer schälen sowie fein reiben.

4 Die Kartoffeln schälen und in der zweiten Schüssel zerdrücken.

5 In einer Pfanne wird das übrige Öl erhitzt. Ingwer und Chili kurz anbraten. Garam Masala und Kreuzkümmel untermischen. Diese Mischung wird unter die Kartoffeln gemengt. Erbsen sowie 100 ml Wasser dazugeben und alles mischen. Es soll ein Brei entstehen.

6 Aus dem Teig werden kleine Kugeln geformt. Sie werden zu Kreisen von circa 15 cm ausgerollt. Den Teigfladen halbieren sowie zu einem Trichter formen. Folglich werden sie mit der Kartoffelmasse gefüllt und verschlossen.

7 Im Kochtopf wird jetzt das Frittieröl erhitzt. Dabei soll mittlere Hitze erzielt werden. Die Samoussas frittieren circa 2 Minuten und tropfen anschließend auf dem Küchenpapier ab.

Tipp: Wer die Teigtaschen nicht frittieren möchte, steckt sie für 25 Minuten bei 180 °C Ober- / Unterhitze in den Backofen. Davor sollten sie mit etwas Pflanzenmilch bestrichen werden.

TORRES DE COCO |

KOKOSTÜRME

30 Port. 45 Min. Leicht

Zutaten

200 g Kokosraspeln
200 g Zucker
150 g Aprikosenkonfitüre
0,5 cl brauner Rum (etwa 2 Flaschen Rum-Backaroma)
3 Eiweiße
3 EL Maracujasirup
1 Prise Salz

Küchenutensilien:
2 Töpfe
1 Backblech
Backpapier
Backofen

Nährwerte p. P.

89 kcal
10 g Kohlenhydrate
5 g Fett
1 g Eiweiß

1 In einem Topf werden Kokosraspeln, Zucker, Salz und die Eiweiße auf etwa 60 °C erwärmt. Alles gut durchmischen, bis eine cremige Konsistenz entsteht. Das Backaroma angießen und untermischen.

2 Backofen auf 160 °C Ober- / Unterhitze einstellen und das Backblech mit dem Backpapier belegen. Mit etwas angefeuchteten Händen werden 60 Kugeln von etwa 2 cm Durchmesser geformt und auf dem Blech verteilt. Sie werden ganz leicht zu Scheiben angedrückt und backen circa 12 - 14 Minuten. Anschließend kühlen die Bällchen ab.

3 Im zweiten Topf werden derweil Konfitüre und Sirup circa 2 Minuten eingekocht. Auch dieser kühlt folglich ab.

4 Auf 30 dieser Scheiben wird gleichmäßig die Konfitüre verteilt. Die restlichen 30 Scheiben werden auf die süße Füllung gelegt. Vor dem Verzehr sollen sie vollständig austrocknen.

MOFO SAKAY |

SCHARFE TEIGBÄLLCHEN

12 Port.

30 Min.

Leicht

Zutaten

200 g Weizenvollkornmehl
175 g Tomaten
500 ml Frittieröl
200 ml Wasser
4 grüne Chili
1 Kressebund
2 TL Currypulver
2 TL Backpulver
1 TL Meersalz
½ TL frisch gemahlener schwarzer Pfeffer

Küchenutensilien:
1 Schüssel
1 Kochtopf (oder Fritteuse)
1 Schaumlöffel
Küchenpapier

Nährwerte p. P.

92 kcal
11 g Kohlenhydrate
5 g Fett
2 g Eiweiß

1 Chilischoten putzen, eventuell Kerne entfernen und fein hacken. Tomaten waschen, deren Blütenansatz entfernen und das wässrige Innere entnehmen. Das Tomatenfleisch wird gehackt. Kresse abschneiden, abspülen und hacken.

2 In einer Schüssel werden Mehl, Backpulver, Salz und Curry vermischt. Pfeffer untermengen und alles in Portionen mit dem Wasser auffüllen. Es soll ein homogener, dickflüssiger Teig entstehen.

3 Folglich Tomaten, Kresse und Chili unterrühren.

4 In einem Topf wird das Öl auf 180 °C gebracht. Aus dem Teig werden kleine Haufen gebildet. Sie frittieren nun etwa 3 – 4 Minuten im Topf. Währenddessen sollen sie gewendet werden. Mit dem Schaumlöffel entnehmen, wenn sie überall knusprig braun erscheinen. Sie tropfen auf dem Küchenpapier ab.

CREVETTES CROUSTILLANTES |
FRITTIERTE GARNELEN

2 Port.

45 Min.

Leicht

Zutaten

150 g Riesengarnelen
30 g Maismehl
30 g Weizenvollkornmehl
500 ml Frittieröl
30 ml Eiswasser
1 Bund Koriander
1 Ei
1 grüne Chili
1 Zitrone
1 Stück Ingwer (etwa 2,5 cm)
1 Knoblauchzehe
1 EL gehackte Frühlingszwiebel
1 TL helle Sojasoße
Je 1 Prise Meersalz und frisch gemahlener schwarzer Pfeffer

Küchenutensilien:
1 Schüssel
1 Kochtopf (oder Fritteuse)
1 Schaumlöffel
Küchenpapier

Nährwerte p. P.

414 kcal
20 g Kohlenhydrate
28 g Fett
22 g Eiweiß

1 Garnelen notfalls schälen sowie entdarmen und säubern. Chili putzen sowie zu dünnen Scheiben schneiden. Zitrone heiß abspülen, abtrocknen und halbieren. Eine Hälfte wird in eine Schüssel ausgepresst. Die andere wird zu Spalten geschnitten. Ingwer sowie Knoblauch schälen und fein hacken. Koriander waschen, trocknen und die abgezupften Blätter ebenfalls hacken.

2 In der Schüssel werden nun Chili, Frühlingszwiebel sowie Ingwer und Knoblauch zum Zitronensaft gegeben. Sojasoße sowie Salz und Pfeffer untermischen. Darin marinieren die Garnelen nun 15 Minuten.

3 Folglich wird in einem Topf das Öl auf 180 °C erhitzt. In der zweiten Schüssel werden die Mehlsorten, das Wasser und das verquirlte Ei mittels Schneebesen etwas luftig und ohne Klümpchen verrührt.

4 Garnelen mit einem Küchenpapier abtropfen und rundherum im Teig wälzen. Sie frittieren in etwa 2 - 3 Minuten knusprig hellbraun. Mit dem Schaumlöffel entnehmen. Sie tropfen auf Küchenpapier ab. Vor dem Servieren mit dem Koriander bestreuen und die Zitronenspalten dazulegen.

BISCUITS A LA SEMOULE | KOKOSGRIEẞPLÄTZCHEN

4 Port.

45 Min.

Leicht

Zutaten

120 g Grieß
60 g Zucker
50 g Kokosraspeln
20 g Butter
500 ml Milch
200 ml Ananassaft
100 ml Weißwein
2 Eier
1 Ananas
1 Vanilleschote
1 Limette
6 EL Pflanzenöl
1 EL flüssiger Honig
1 Prise Salz

Küchenutensilien:
2 Töpfe
1 Schüssel
1 Schneebesen
1 Pfanne

Nährwerte p. P.

520 kcal
55 g Kohlenhydrate
29 g Fett
10 g Eiweiß

1 In einem Topf kochen Milch, Butter und Zucker auf. Zucker und Butter sollen vollkommen aufgelöst sein. Folglich wird langsam der Grieß eingerührt. Nach 2 Minuten wird der Topf vom Herd genommen.

2 Die Eier trennen und die Eigelbe im Grieß verrühren. In einer Schüssel werden die Eiweiße mit dem Salz mittels Schneebesen steif geschlagen. Den Eischnee unter den Grieß heben. Jetzt kühlt der Grießtopf vollkommen aus.

3 Derweil Ananas schälen, vierteln und das Fruchtfleisch vom Strunk schneiden. Es wird zu feinen Würfeln verarbeitet.

4 Vanilleschote der Länge nach aufschlitzen und das Mark herauslösen. Limette heiß abspülen und abtrocknen. Jetzt wird mittels Reibe Schalenabrieb erzeugt. Danach wird sie halbiert und ausgepresst.

5 Im zweiten Topf kochen ein Drittel der Ananaswürfel, der Ananassaft mit dem Weißwein, Vanillemark, Honig und dem Limettensaft circa 10 Minuten. Danach wird das Ganze mit dem Stabmixer fein püriert.

6 Folglich werden die übrigen Fruchtwürfel untergerührt. Alles kocht erneut 10 Minuten. Es soll regelrecht einkochen. Wenn das Mus ausgekühlt ist, wird der Schalenabrieb untergemischt.

7 Mit feuchten Händen werden aus dem Grieß kleine Plätzchen geformt. Die Taler in den Kokosraspeln wälzen.

8 Sie werden im Öl in einer Pfanne von jeder Seite etwa 3 - 4 Minuten goldbraun ausgebacken. Vor dem Servieren wird das Dessert mit Ananasmus bestrichen.

BOULES DE BATIDA |

BATIDAKUGELN

60 Port.

13 Std. 15 Min.

Leicht

Zutaten

300 g Puderzucker
180 g tropischer Fruchtmix
130 g Vollkornmehl
130 g Kokosraspeln
100 g Butter
60 Bananenchips
2 Eigelbe
Schalenabrieb 1 Zitrone
7 EL Ananassaft
7 EL Kokoslikör (bspw. Batida de Côco)
6 EL Zitronensaft
1 TL Backpulver
1 Prise Salz
gelbe Lebensmittelfarbe

Küchenutensilien:
2 Schüsseln
1 Handrührgerät
1 Backblech
Backpapier
Backofen
Frischhaltefolie

Nährwerte p. P.

71 kcal
10 g Kohlenhydrate
3 g Fett
1 g Eiweiß

1 In einer Schüssel werden die zimmerwarme Butter, 70 g Puderzucker, das Salz sowie der Schalenabrieb mithilfe eines Knethakens verrührt.

2 In der Masse werden die Eigelbe und das Mehl vermengt. Backpulver und Kokosraspeln untermischen. Je 2 EL Kokoslikör und Zitronensaft dazugießen und alles gut verkneten. Über Nacht zieht der Teig unter Frischhaltefolie kühl gestellt durch.

3 Die tropischen Früchte klein hacken. In einem Topf kochen sie samt Ananassaft und je 2 EL Kokoslikör sowie Zitronensaft auf. Unter mittlerer Temperatur quellt alles circa 10 Minuten. Danach kühlt die Füllung ab.

4 Den Teig zu 2 Portionen teilen. Auf der bemehlten Küchenplatte wird je eine Hälfte etwa 3 mm dünn ausgerollt. Daraus werden 4 x 4 cm große Quadrate ausgeschnitten. ½ TL der Füllung aus dem Topf mittig platzieren. Der Teig wird zusammengeschlagen und zu einer Kugel geformt.

5 Backofen auf 175 °C Ober- / Unterhitze aufheizen und das Backblech mit Backpapier auslegen. Darauf werden die Kugeln positioniert. Sie backen circa 15 Minuten und kühlen anschließend aus.

6 In der Schüssel werden 150 g Puderzucker, der restliche Likör und 1 EL Zitronensaft zu einem Guss verrührt. Dahinein werden die Kugeln getaucht und danach getrocknet.

7 Der übrige Zitronensaft und der restliche Puderzucker werden in einer weiteren Schüssel dickflüssig angerührt. Das ist das Topping. Die Bananenchips werden zuletzt da hinein gesteckt.

FEUILLETÉS |

JOGHURT-BLÄTTERTEIGSCHNITTEN

3 Port.

2 Std.

Leicht

Zutaten

150 g Blätterteig (TK)
150 g Vollmilchjoghurt
100 g Aprikosenkonfitüre
50 g Puderzucker
25 g Zucker
250 ml Wasser
125 ml Schlagsahne
2 weiße Gelatineblätter
Schale 1 Limette
1 Stängel Melisse
½ Packung Vanillezucker
3 EL Limettensaft
1 EL Orangensaft
1 EL weißer Rum

Küchenutensilien:

2 Schüsseln
2 Spritzbeutel
1 Topf
1 Schneebesen
1 Teigroller
1 feines Sieb
1 Backblech
Backpapier
Backofen

Nährwerte p. P.

373 kcal
47 g Kohlenhydrate
18 g Fett
5 g Eiweiß

1 Der Blätterteig taut als Erstes auf. Gelatine in einer Schüssel mit kaltem Wasser einweichen. Derweil werden in der zweiten Schüssel Joghurt, Limettenschale sowie die Säfte von Orange und Limette verrührt. Den Puderzucker gründlich unterheben.

2 In einem Topf wird nun der Rum erwärmt. Darin werden die ausgedrückten Gelatineblätter aufgelöst. Das Ganze wird dem Joghurt untergemischt. Die Masse soll kalt gestellt werden.

3 Wird der Joghurt fest, werden Sahne und Vanillezucker mittels Schneebesen steif geschlagen und der Füllung untergehoben. Jetzt kühlt die Creme etwa 1 Stunde.

4 Backofen auf 200 °C Ober- / Unterhitze einstellen. Das Backblech wird mit Backpapier ausgelegt. Die Teigplatten werden aufeinandergelegt, mit der Hälfte des Zuckers bestreut und auf der Küchenplatte circa 30 x 30 cm ausgerollt. Teig wenden und die andere Seite zuckern. Jetzt werden sie zu 10 x 10 cm großen Stücken geschnitten.

5 Sie landen auf dem Blech und backen in etwa 15 Minuten goldbraun. Danach kühlen sie aus. Konfitüre durch ein feines Sieb passieren. Abwechselnd werden nun mittels zweier Spritzbeutel die Schichten aus Creme und Konfitüre zweimal übereinander aufgetragen. Die Schnitten kühlen folglich nochmals 30 Minuten.

6 Melisse waschen, trocken schütteln und deren Blätter abzupfen. Sie dienen der Garnierung der süßen Schnitten.

PUCES FRIT |

SÜßKARTOFFEL- UND BANANEN-CHIPS

10 Port. 1 Std. Leicht

Zutaten

600 g Kochbananen
600 g Süßkartoffeln
500 ml Frittieröl

Küchenutensilien:
1 Kochtopf
1 Schaumkelle
Küchenpapier

Nährwerte p. P.

237 kcal
23 g Kohlenhydrate
15 g Fett
1 g Eiweiß

1 Bananen und Süßkartoffeln schälen. Die Bananen werden zu 3 mm dünnen Scheiben geschnitten. Die Kartoffeln ergeben einige 2 mm dünne Scheiben.

2 In einem Topf wird das Öl auf 180 °C erhitzt. Die Bananenscheiben frittieren darin etwa 2 Minuten. Die Kartoffeln verbleiben 3 Minuten im Öl. Es sollte in Portionen frittiert werden. Nicht alle auf einmal.

3 Mit der Schaumkelle die frittierten Stücke entnehmen. Sie tropfen auf dem Küchenpapier ab.

Tipp: Unterschiedliche Varianten ergeben verschiedene Zugaben von herzhaften Gewürzen oder auch süßem Sirup. Dies sollte unmittelbar nach dem Abtropfen erfolgen, wenn das Frittiergut noch warm ist.

CALAS |

MILCHREISBÄLLCHEN

16 Port. | 2 Std. 45 Min. | Mittel

Zutaten

120 g Vollkornmehl
70 g Zucker
60 g Milchreis
50 g Zitronat
500 ml Frittieröl
290 ml Milch
170 ml Wasser
¼ TL Salz
1 Packung Trockenhefe
Je 1 Ei und Eigelb
8 EL Puderzucker
1 ½ TL Zitronenschalenabrieb
Je ¼ TL Muskat und gemahlener Zimt
1 Prise Salz

Küchenutensilien:
2 Schüsseln
1 Topf
1 Küchentuch
1 Handrührgerät
1 Fritteuse (oder 1 breiter Topf)
1 Schaumlöffel
Küchenpapier

Nährwerte p. P.

330 kcal
35 g Kohlenhydrate
18 g Fett
8 g Eiweiß

1 In einem Topf wird der Reis mit 1 Prise Salz in einer Mischung aus Wasser und 170 ml Milch aufgekocht. Bei gelegentlichem Umrühren gart das Ganze etwa 20 - 22 Minuten. Anschließend vom Herd genommen, quellt der Topfinhalt etwa 10 Minuten.

2 Reis in eine Schüssel geben. 120 ml Milch hinzugießen und darin 2 EL Zucker plus die Hefe untermengen. An einem warmen Standort zieht alles zugedeckt für 30 Minuten.

3 Das Ei aufschlagen und das zusätzliche Eigelb unterrühren. Den übrigen Zucker untermischen. Mit dem Handrührgerät wird alles in 8 - 10 Minuten cremig geschlagen.

4 Das Zitronat fein hacken. Es wird mit der Ei-Creme, Muskat und Zimt unter den Reis gemengt. Zitronenschale dazugeben und vorsichtig das Mehl unterheben. Nun ruht alles etwa 1 Stunde an einem warmen Standort.

5 Die Fritteuse auf Temperatur bringen. Mittels zweier Löffel werden Teiglinge geformt. In 5 bis 6 Minuten frittieren die Bällchen goldbraun. Sie werden mit dem Schaumlöffel entnommen und tropfen auf Küchenpapier ab. Zum Schluss werden sie mit Puderzucker bestreut.

Desserts

GÂTEAU PATATE |

SÜẞKARTOFFELKUCHEN

12 Port.

1 Std.

Leicht

Zutaten

500 g weiche Butter
400 g Süßkartoffeln
300 g Zucker
160 g Vollkornmehl
100 g Kokoschips
6 Eier
2 Vanilleschoten
4 EL Honig
1 TL Backpulver
2 Prisen Salz

Küchenutensilien:

1 Schüssel
1 Schneebesen
1 Springform (etwa 28 cm Durchmesser)
1 Backblech
Backofen

Nährwerte p. P.

296 kcal
23 g Kohlenhydrate
22 g Fett
3 g Eiweiß

1 Backofen auf 180 °C Unterhitze aufheizen. Auf einem Blech garen die Süßkartoffeln samt Schale etwa 40 Minuten. Sie werden danach geschält und mit dem Stampfer fein zerdrückt.

2 In einer Schüssel werden Butter, Zucker sowie das aus den Vanilleschoten ausgeschabte Mark mit dem Schneebesen schaumig geschlagen.

3 Mehl, Backpulver, die aufgeschlagenen Eier sowie das Salz im Butterschaum unterrühren. Jetzt wird auch der Kartoffelstampf untergemengt.

4 Die Springform einfetten und mit dem Kuchenteig füllen. Im Ofen backt der Kuchen 30 Minuten auf der mittleren Schiene bei erneuten 180 °C, dieses Mal auf Ober- / Unterhitze.

5 Kommt er aus dem Ofen, wird der Kuchen mit dem Honig beträufelt und den Kokoschips bestreut.

TARTA DE MERENGUE |

BAISERTORTE

12 Port.

6 Std.
15 Min.

Mittel

Zutaten

300 g Kokosjoghurt
200 g Puderzucker
100 g Zucker
15 g Speisestärke
1,2 l Wasser
500 ml Eiswasser
400 ml Schlagsahne
6 weiße Gelatineblätter
3 Eier
3 Limetten
Je 1 Mango und Papaya
1 Packung Vanillezucker
10 EL Limettensaft
1 Prise Salz

Küchenutensilien:
2 Metallschüsseln
1 Topf
1 Schneebesen
1 Spritzbeutel mit Lochtülle
1 Schüssel
1 rundes Backblech (etwa 24 cm Durchmesser)
Backpapier
Backofen

Nährwerte p. P.

278 kcal
35 g Kohlenhydrate
13 g Fett
5 g Eiweiß

1 Die Eier trennen und das Eiklar in eine Metallschüssel geben. Über einem Topf mit 500 ml heißem Wasser wird das Eiweiß mit dem Salz steif geschlagen. Derweil wird der Zucker stetig eingerieselt.

2 Jetzt wird die Schüssel in die zweite Metallschüssel mit Eiswasser gestellt. Beide Schüsseln sollten gut ineinanderpassen. Die Eiklar-Masse wird jetzt kalt gerührt. 100 g Puderzucker und Stärke einrieseln und unterheben.

3 Backofen auf 100 °C Ober- / Unterhitze aufheizen und das Blech mit Backpapier auskleiden. Die Masse wird in einen Spritzbeutel mit großer Lochtülle gefüllt. Damit wird der Boden des Blechs kreisförmig gefüllt. Im Ofen trocknet das Ganze in circa 3 Stunden. Die Ofentür bleibt einen Spalt geöffnet. Folglich kühlt alles ab.

4 In einer Schüssel weicht die Gelatine in 200 ml Wasser ein. Derweil wird ein zweites Wasserbad mit ebenso 500 ml erhitztem Wasser für die Mischung aus Eigelben, dem übrigen Puderzucker und dem Vanillezucker vorbereitet. Das Ganze wird dickcremig aufgeschlagen. Folglich werden der Schalenabrieb und Saft der Limette unterheben.

5 Gelatine ausdrücken und in der Masse auflösen. Joghurt untermischen und alles kalt stellen. Derweil wird die Sahne steif geschlagen. Wenn die Eigelb-Creme fest wird, die Sahne unterheben. Alles kühlt nun 25 Minuten aus.

6 Nach dem Erkalten wird diese Masse mithilfe des gesäuberten Spritzbeutels aufgebracht.

7 Früchte schälen. Mango vom Stein trennen und wie die entkernte Papaya zu langen Spalten schneiden. Sie werden auf der Creme arrangiert. Die Torte kühlt nun noch einmal 2 Stunden.

TARTELETTES AUX MACARONS |
MAKRONENTÖRTCHEN

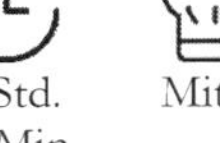

8 Port. 3 Std. 40 Min. Mittel

Zutaten

200 g Vollkornmehl
200 g Marzipanrohmasse
150 g Zitronengelee
100 g Butter
50 g Zucker
250 ml Milch
4 Eigelbe
3 Kumquats
2 Packungen Vanillezucker
1 Packung Vanillepuddingpulver
1 Sternfrucht
1 Schale 1 Zitrone
1 Kiwi
½ Mango
3 EL Zitronensaft
1 EL Puderzucker
½ TL Backpulver
1 Prise Salz

Küchenutensilien:
2 Schüsseln
2 Töpfe
1 Schneebesen
1 Ausstecher (10 cm Durchmesser)
1 Spritzbeutel mit mittelgroßer Sterntülle
1 Backblech
Backpapier
Backofen
Frischhaltefolie

1 In einer Schüssel werden weiche Butter, Salz, Zucker und Zitronenschalenabrieb mittels Schneebesen cremig gerührt. 1 Eigelb unterrühren und alles mit Mehl und Backpulver bestreuen. Zitronensaft angießen und die Masse zu einem Teig kneten. In Frischhaltefolie gewickelt, wird der Teig 1 Stunde kalt gestellt.

2 Marzipan fein hacken und mit den restlichen Eigelben vermengen. Das Ganze wird in den Spritzbeutel gefüllt.

3 Teig auf der bemehlten Küchenplatte zu einem circa ½ cm dicken Fladen ausrollen. 6 Kreise ausstechen und auf das Backblech legen. Aus dem restlichen Teig werden nochmals 2 Kreise ausgestochen und ebenso auf dem Blech positioniert.

4 Backofen auf 180 °C Ober- / Unterhitze einstellen. Mithilfe der mittelgroßen Sterntülle wird die Marzipanmasse an den Rändern der Teigböden aufgebracht. Sie backen etwa 25 Minuten auf der unteren Schiene und kühlen abschließend aus.

5 In einer Schüssel Puddingpulver, Vanillezucker und 4 EL Milch verrühren. In einem Topf kocht folglich die Milch auf. Jetzt wird der Schüsselinhalt eingerührt. Erneut aufkochen und dann lauwarm abkühlen.

6 Im zweiten Topf werden 2 EL Gelee erwärmt und dieses anschließend auf dem Teigboden verteilt. Darauf wird der Pudding gegeben.

Nährwerte p. P.

496 kcal
58 g Kohlenhydrate
25 g Fett
9 g Eiweiß

7 Kumquats und Sternfrucht putzen und zu Scheiben schneiden. Das restliche Gelee zu zwei Anteilen separieren. Je eine Hälfte kocht mit den Fruchtscheiben einzeln für 2 Minuten. Mango schälen, vom Stein trennen und zu Spalten schneiden. Kiwi schälen sowie zu Scheiben schneiden.

8 Das Obst wird unterschiedlich auf den Makronen verteilt. Alles kühlt etwa 1 Stunde aus und wird vor dem Servieren mit dem Puderzucker bestreut.

TARTA DE FRUTA |

MARACUJA-GRANATAPFEL-TORTE

12 Port.

4 Std.
40 Min.

Mittel

Zutaten

125 g Zucker
50 g Vollkornmehl
50 g Speisestärke
50 g Puderzucker
500 ml Schlagsahne
400 ml Wasser
15 Maracujas
7 weiße Gelatineblätter
5 Eier
3 Granatäpfel
3 rote Gelatineblätter
3 EL Orangensaft
2 EL Orangenlikör
1 TL Backpulver
1 TL Orangenschalenabrieb
1 Prise Salz

Küchenutensilien:
3 Schüsseln
1 Schneebesen
1 Springform (24 cm Durchmesser)
1 Sieb
1 Topf
Backofen

1 Als Erstes werden 5 Eier getrennt. 3 Eiweiße und das Salz werden in einer Schüssel mittels Schneebesen steif geschlagen. 75 g Zucker werden derweil untergehoben. Die 5 Eigelbe der Masse beimengen.

2 Der Backofen wird auf 180 °C Ober- / Unterhitze eingestellt. Mehl, Stärke und Backpulver werden auf den Teig gesiebt und darin untergerührt. Der Teig landet in der Springform. Das Ganze backt 25 Minuten und kühlt anschließend ab.

3 In der zweiten Schüssel weicht die weiße Gelatine in 200 ml Wasser ein. Maracujas waschen, halbieren und deren Inneres herauslösen. Das Fruchtfleisch wird mittels feinen Siebs passiert. Davon werden 200 ml Mark abgemessen. Das Maracujamark wird in der dritten Schüssel mit Schalenabrieb und 3 EL Orangensaft sowie dem Puderzucker vermengt.

4 Folglich wird der Likör in einem Topf leicht erwärmt. Darin löst sich die ausgedrückte Gelatine auf. Den Likör unter die Maracuja mischen und auskühlen.

5 Derweil werden 300 ml Sahne in der Schüssel steif geschlagen. In einer weiteren Schüssel die 2 Eiweiße mit dem restlichen Zucker steif schlagen. Beides wird unter die Fruchtmasse gerührt, sobald sie sich zu verfestigen beginnt.

Nährwerte p. P.

302 kcal
33 g Kohlenhydrate
17 g Fett
6 g Eiweiß

6 Teig aus der Tortenform lösen und in der Waagerechten zweimal durchschneiden. Einen Boden in die Form zurücklegen. Jetzt wird ein Drittel der Maracuja darauf verteilt. Das Ganze wird nun geschichtet. Die Torte kühlt nun mindestens 1 Stunde.

7 Im übrigen Wasser weicht folglich die rote Gelatine ein. Granatäpfel halbieren und von 4 Hälften 200 ml Saft auspressen. Die Kerne des übrigen Granatapfels lösen. Saft und ausgedrückte Gelatine kochen im Topf kurz auf. Wenn der Saft zu gelieren beginnt, wird er über der Torte verteilt.

8 Die Granatapfelkerne final als Garnierung darauf verteilen. Die Torte kühlt nun nochmals 2 Stunden. Vor dem Servieren die restliche Sahne steif schlagen und entlang des Tortenrandes auftragen.

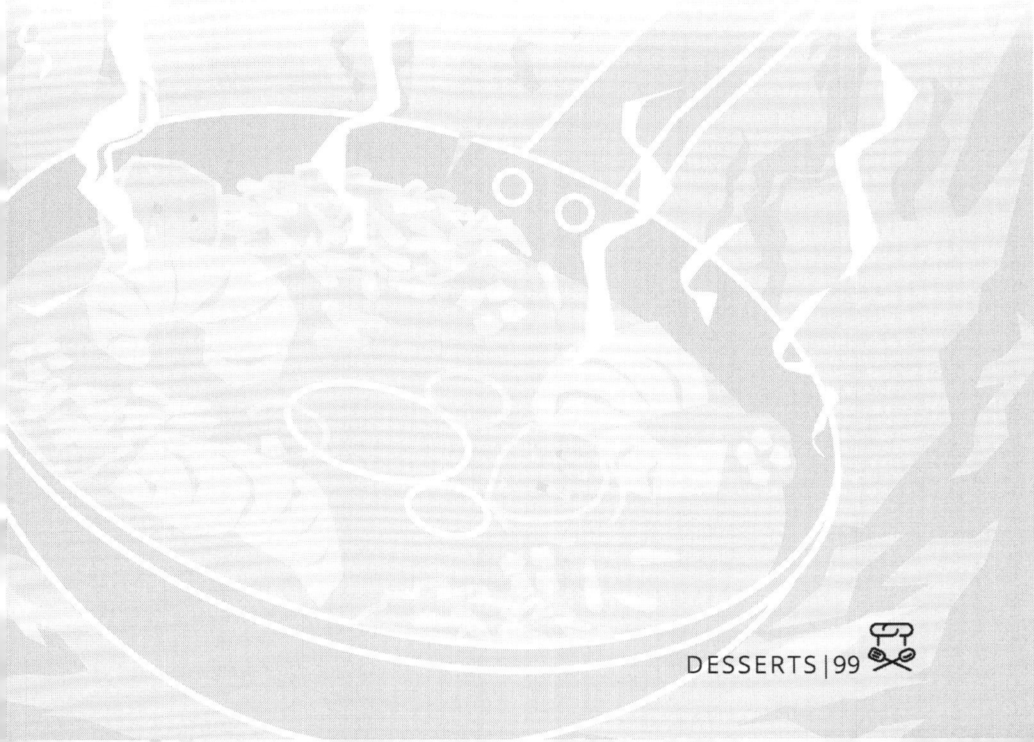

GOBELET PIÑA COLADA | PIÑA-COLADA-BECHER

2 Port.

1 Std. 5 Min.

Leicht

Zutaten

200 g Ananas
250 ml Kokosmilch
100 ml Schlagsahne
5 EL Kokosraspeln
4 EL Puderzucker
4 EL weißer Rum
3 EL Zucker
2 TL Limettenschalenabrieb
2 EL Vanillepuddingpulver

Küchenutensilien:
2 Schüsseln
2 Dessertgläser
1 Topf
1 Pfanne
1 Schneebesen
Frischhaltefolie

Nährwerte p. P.

847 kcal
84 g Kohlenhydrate
49 g Fett
4 g Eiweiß

1 Als Erstes 4 EL der Kokosmilch separat mit dem Vanillepuddingpulver in einer Schüssel vermischen.

2 Die übrige Milch kocht mit Schalenabrieb und Zucker in einem Topf auf. Unter Rühren wird die Puddingmilch hinzugefügt. Alles kocht noch einmal auf.

3 In der zweiten Schüssel erkaltet der Pudding unter Frischhaltefolie.

4 Derweil wird in einer Pfanne der Puderzucker erhitzt. Wenn er schmilzt, landen die Kokosraspeln darin. Der Pfanneninhalt soll leicht bräunlich karamellisieren. Das Ganze kühlt auf dem Teller ab.

5 Jetzt wird die Sahne steif geschlagen. Der Rum wird folglich im Kokospudding verrührt. Darunter wird die Sahne gehoben.

6 Ananas aufschneiden, von Strunk und Schale trennen und klein schneiden. Die Dessertgläser mit Kokoscreme, Ananasstücken und dem Krokant schichten. Die Nachspeise kühlt nun nochmals 30 Minuten im Kühlschrank.

MOUSSE DE MANGUE |

MANGO-MOUSSE

6 Port.

6,5 Std.

Leicht

Zutaten

250 g Schlagsahne
200 g Vollmilchjoghurt
125 ml Weißwein
2 Zitronenmelissenzweige
2 weiße Gelatineblätter
1 Mango
3 EL Zucker
3 EL Zitronensaft
2 EL Kokosraspeln
1 EL Zitronenschalenabrieb

Küchenutensilien:

6 Dessertgläser
2 Schüsseln
1 Topf
1 Stabmixer
1 Pfanne
1 Schneebesen

Nährwerte p. P.

230 kcal
16 g Kohlenhydrate
16 g Fett
3 g Eiweiß

1 In einer Schüssel weicht die Gelatine im Wasser ein. Derweil wird die Mango geschält, vom Stein gelöst und fein gewürfelt. Die Hälfte der Mangostücke wird in der zweiten Schüssel unter den Joghurt gerührt.

2 Folglich kocht die zweite Hälfte Mangowürfel mit dem Zucker, Schalenabrieb, Saft sowie dem Wein zugedeckt circa 5 Minuten in einem Topf. Nun wird die ausgedrückte Gelatine darin aufgelöst. Mit einem Stabmixer wird der Inhalt püriert. Er kühlt im Nachhinein ab.

3 Nun werden die Kokosraspeln ohne Fett in einer Pfanne in circa 2 - 3 Minuten goldbraun geröstet. Sie kühlen anschließend ab.

4 Mithilfe eines Schneebesens Joghurt und Mangopüree zügig verrühren.

5 Sahne steif schlagen und unter den Mangojoghurt heben. Die Nachspeise wird sofort in die Dessertgläser gefüllt und für mindestens 6 Stunden im Kühlschrank kalt gestellt.

6 Vor dem Servieren wird die Zitronenmelisse gewaschen, trocken geschüttelt und deren Blätter abgezupft. Sie dürfen nach persönlichem Wunsch ganz verbleiben oder klein gehackt werden. Die Mango-Mousse mit den Raspeln und der Zitronenmelisse garnieren.

GRAÑONES DE MELÓN |

MELONENGRÜTZE

4 Port. 45 Min. Leicht

Zutaten

250 g Sahnejoghurt
20 g Vanillepuddingpulver
400 ml Orangensaft
1 Honigmelone
1 Vanilleschote
2 EL Zitronensaft
2 EL Wasser
1 EL Limettensaft
6 TL Honig
1 TL Limettenschalenabrieb
50 g Orangen-Kekse

Küchenutensilien:
4 Dessertgläser
1 Topf
1 Schüssel
1 flache, breite Schale

Nährwerte p. P.

270 kcal
41 g Kohlenhydrate
9 g Fett
5 g Eiweiß

1 Vanilleschote der Länge nach aufschneiden und das Mark herausschaben. Dieses wird mit dem Orangensaft und 3 TL Honig in einem Topf aufgekocht.

2 Puddingpulver, Zitronensaft sowie das Wasser in einer Schüssel vermengen. Diese Mischung wird dem Orangensaft im Topf untergerührt. Alles kocht erneut auf und kühlt etwa 20 Minuten in der Schale ab.

3 Melone halbieren und von der Schale lösen. Sie wird geachtelt und zu kleinen Spalten geschnitten.

4 Folglich werden in der Schüssel Joghurt, Limettensaft und der Rest Honig gut vermischt.

5 Melonenstücke in den Orangentopf geben und gut mischen. Das Ganze wird in die Dessertgläser verteilt. Darauf wird die Joghurtsoße gegeben. Die Kekse zermahlen und mit dem Schalenabrieb auf die Süßspeise streuen.

SAVARIN |

MOJITO-GUGELHUPF

6 Port. | 3 Std. 25 Min. | Leicht

Zutaten

500 g Erdbeeren
200 g Vollkornmehl
300 g Vollrohrzucker
50 g weiche Butter
12 g frische Hefe
100 ml Milch
50 ml brauner Rum
6 Minzstängel
5 Orangen
5 Limetten
2 Eier
3 EL Kokosraspeln
1 ½ TL Limettenschale
½ TL Orangenschale
1 Prise Salz

Küchenutensilien:
2 Töpfe
2 Schüsseln
1 Gugelhupfform
1 Pfanne
1 Backofen

Nährwerte p. P.

490 kcal
68 g Kohlenhydrate
16 g Fett
10 g Eiweiß

1 Orangen und Limetten heiß abspülen. Von je einer Zitrusfrucht werden 1 ½ TL Limettenschalen- und ½ TL Orangenschalenabrieb erzeugt. Alle Früchte halbieren und auspressen. Es sollten 75 ml Limettensaft und 125 ml Orangensaft entstehen.

2 Die Milch in einem Topf auf lauwarme Temperatur bringen. Dahinein wird die Hefe zerbröselt. Anschließend werden in einer Schüssel Mehl, 50 g Zucker und das Salz hinzugefügt. Mit den aufgeschlagenen Eiern, der Butter sowie der Limettenschale wird alles zu einem homogenen Teig verarbeitet. Er zieht zugedeckt an einem warmen Standort für circa 1 Stunde.

3 Die Säfte sowie die Orangenschale mit dem restlichen Zucker im zweiten Topf aufkochen. 4 Stiele der gewaschenen Minze dazugeben. Folglich kühlt der Sirup ab. Am Ende werden die Minzstängel entnommen.

4 Gugelhupfform einfetten und den Teig in ihr verteilen. Das Ganze zieht nochmals 20 Minuten in der Form durch.

5 Backofen auf 220 °C Ober- / Unterhitze einstellen. Der Kuchen backt nun 25 Minuten.

6 Er wird aus der Form gestürzt. 6 EL vom Sirup separat in der zweiten Schüssel lagern. Der Rest wird mit dem Rum vermischt. Folglich wird der Kuchen mit der Hälfte des Rumsirups eingepinselt. Der Gugelhupf zieht 40 Minuten lang durch.

7 Derweil werden die Kokosraspeln in einer Pfanne ohne Fett geröstet. Anschließend erfolgt die zweite Pinselkur mit süßem Rum. Die Kokosstücke werden auf den Kuchen gestreut.

8 Erdbeeren verlesen und putzen. Sie werden geviertelt. Von den übrigen Minzstängeln die Blätter abzupfen sowie zu feinen Streifen schneiden. In der Schüssel werden folglich zur Seite gelegter Sirup, die Minzstreifen und die Erdbeeren vermischt. Alles zieht gut durch. Sie werden mit dem Gugelhupfstück serviert.

MANGUE FLAMBÉE |

FLAMBIERTE MANGO

4 Port.

15 Min.

Mittel

Zutaten

30 g Butter
30 g Vollrohrzucker
4 Mangos
2 Orangen
2 Zitronen
Schale ½ Orange
2 EL Triple Sec
2 EL Rum

Küchenutensilien:

2 Schüsseln
1 Flambierpfanne (aus Edelstahl oder mit Kupfer-Beschichtung)
1 Pfanne

Nährwerte p. P.

273 kcal
45 g Kohlenhydrate
8 g Fett
3 g Eiweiß

1 Mangos schälen und halbieren. Die Mangohälften werden vom Stein gelöst. Orangen und Zitronen heiß abspülen und abtrocknen. Mit der Reibe wird Schalenabrieb von der Orange erzeugt. Beide Zitrusfrüchte halbieren und deren Säfte in zwei Schüsseln auspressen.

2 In der Flambierpfanne wird die Butter zerlassen. Nun werden Zucker und Orangenschale mit dem flüssigen Fett vermischt. Den Triple Sec darübergießen und den Pfanneninhalt anzünden.

3 Erlischt die Flamme, werden nacheinander Orangensaft und Zitronensaft angegossen. Die Flüssigkeit kocht kurz auf.

4 Darin marinieren die Mangohälften circa 5 Minuten.

5 Währenddessen wird der Rum in der zweiten Pfanne erhitzt. Folglich den Rum über die Mangos gießen und den Pfanneninhalt erneut anzünden. Die Nachspeise sofort servieren.

FIGUES AU VIN |

PORTWEINFEIGEN

 1 Port.

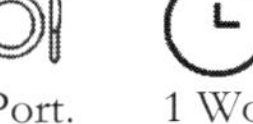 1 Wo.

 Leicht

Zutaten

125 g Feigen
65 g Vollrohrzucker
200 ml roter Portwein
2 Nelken
1 Wacholderbeere
½ Zimtstange
¼ Orange

Küchenutensilien:
1 verschließbare Glasschüssel
1 Reibe

Nährwerte p. P.

370 kcal
88 g Kohlenhydrate
2 g Fett
3 g Eiweiß

1 Feigen abwaschen sowie halbieren. Sie landen folglich in einer Schüssel.

2 Die Gewürze dazugeben. Mit einer Reibe wird folglich Orangenschalenabrieb erzeugt. Mit dem Zucker wird der Abrieb hinzugefügt. Alles mit dem Wein auffüllen. Es zieht etwa 1 Woche durch.

Tipp: Die Portweinfeigen dienen der Garnierung von Desserts oder werden selbst in der Pfanne erwärmt.

Getränke

RHUMPUNSCH |

RUMPUNSCH

6 Port. 20 Min. Leicht

Zutaten

5 Passionsfrüchte
1 Ananas
1 Vanilleschote
1 l weißer Rum
10 cl Rohrzuckersirup

Küchenutensilien:
1 Tontopf mit Deckel
1 Gummiband
Frischhaltefolie

Nährwerte p. P.

61 kcal
14 g Kohlenhydrate
1 g Fett
1 g Eiweiß

1 Ananas schälen und zu kleinen Stücken schneiden. Passionsfrüchte abwaschen sowie ebenso klein schneiden. Vanilleschote längs halbieren.

2 Früchte, Vanilleschote und den Zucker in einen Tontopf geben.

3 Rum angießen und alles gut durchmischen. Deckel auflegen und mittels Frischhaltefolie sowie Gummiband befestigen. Das Ganze zieht nun mindestens 4 Wochen gut durch.

KARAA FANI |

MELONEN-KOKOS-DRINK

4 Port.

20 Min.

Leicht

Zutaten

700 g Wassermelone
300 ml Kokoswasser
8 Eiswürfel
8 Minzblätter
Saft 1 Limette
2 EL Vollrohrzucker

Küchenutensilien:
1 Standmixer
1 Sieb

Nährwerte p. P.

83 kcal
19 g Kohlenhydrate
1 g Fett
1 g Eiweiß

1 Melone vierteln, Fleisch von der Schale trennen und die Kerne entfernen. Sie landen im Standmixer.

2 Alle restlichen Zutaten, bis auf Eiswürfel und Minzblätter, in den Mixer geben. Das Ganze wird 1 Minute komplett püriert.

3 Den Drink durch ein Sieb in die Gläser gießen. Je 2 Eiswürfel in ein Glas geben. Minze abwaschen, trocknen und on top geben.

THÉ CARDAMOME |

KARDAMOM-CHAITEE

4 Port.

10 Min.

Leicht

Zutaten

400 ml Wasser
250 ml Milch
10 Kardamomkapseln
1 Zimtstange
1 Vanilleschote
3 TL schwarzer Tee
2 TL Vollrohrzucker
½ TL Fenchelsamen

Küchenutensilien:
1 Topf
1 feines Sieb
Mörser & Stößel

Nährwerte p. P.

136 kcal
20 g Kohlenhydrate
5 g Fett
5 g Eiweiß

1 Vanille der Länge nach aufschlitzen. Kardamomkapseln im Mörser zerstoßen. In einem Topf kochen Wasser mit Kardamom, Zimt, Vanille und Fenchel auf.

2 Tee einstreuen und alles umrühren. Unter niedriger Hitze zieht das Getränk nun 5 Minuten durch.

3 Sobald der Tee süßlich zu duften beginnt, Milch und Zucker dazugeben. Das Ganze leicht umrühren, bis der Zucker komplett aufgelöst ist.

4 Abseits vom Herd zieht der Chaitee nochmals 2 - 3 Minuten durch. Er wird durch ein Sieb in die Tassen gefüllt.

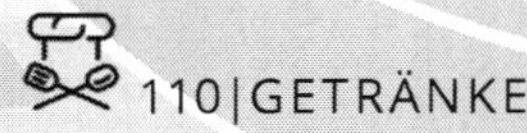

MOJITO À L'ORANGE |

ORANGENMOJITO

1 Port.

10 Min.

Leicht

Zutaten

200 ml Mineralwasser
6 cl weißer Rum
5 Minzblättchen
1 Orangenscheibe
2 EL Limettensaft
2 EL Orangenlikör
2 EL Crushed Ice
1 TL Orangenschalenabrieb
1 TL Puderzucker

Küchenutensilien:
1 Longdrinkglas
1 Stößel (oder Holzlöffel)

Nährwerte p. P.

64 kcal
1 g Kohlenhydrate
1 g Fett
1 g Eiweiß

1 In einem Longdrinkglas werden Likör, Saft, Schalenabrieb und Puderzucker vermischt. Der Zucker soll sich komplett auflösen.

2 Minze abwaschen, abtrocknen und im Glas mit einem Stößel ein wenig andrücken.

3 Jetzt werden Rum und Crushed Ice hinzugefügt. Das Ganze mit dem Mineralwasser auffüllen. Als optischen Anreiz wird die Orangenscheibe in das Glas gelegt.

PONCHE DE CAIPIRINHA |

CAIPIRINHA-BOWLE

2 Liter

15 Std. 20 Min.

Leicht

Zutaten

200 g brauner Zucker
1 l Mineralwasser
750 ml trockener Sekt
200 ml Cachaça (bspw. Pitú oder anderer Zuckerrohrschnaps)
12 Limetten
1 Honigmelone

Küchenutensilien:
1 Schüssel
1 Kugelausstecher
1 Bowlegefäß
1 Stößel
Eiswürfelformen

Nährwerte p. P.

184 kcal
20 g Kohlenhydrate
1 g Fett
1 g Eiweiß

1 Limetten heiß abspülen und abtrocknen. Von 3 Limetten wird Schalenabrieb erzeugt. Insgesamt wird nun 100 ml Limettensaft (circa 6 Limetten) benötigt. Beides landet in einer Schüssel und wird mit 300 ml Wasser gefüllt. Es wird in Eiswürfelformen eingegossen und friert im Tiefkühlfach über Nacht ein.

2 Melone halbieren, von den Kernen befreien und das Fruchtfleisch mit einem Kugelausstecher entnehmen.

3 Die restlichen Limetten achteln und samt Zucker in das Bowlegefäß geben. Sie werden mit dem Stößel ein wenig angedrückt. Melonenkugeln und den Cachaça hinzugeben. Alles umrühren und mindestens 3 Stunden kühlen.

4 Vor dem Servieren werden das restliche Wasser und der Sekt angegossen sowie die Eiswürfel hinzugefügt.

COCKTAIL D'ORANGES | ORANGENCOCKTAIL

4 Port.

3 Std. 15 Min.

Leicht

Zutaten

500 ml Wasser
40 cl Orangensaft
16 cl brauner Rum
8 cl Orangenlikör (z. B. Cointreau)
8 Eiswürfel
4 Beutel Pfefferminztee
4 Minzstiele
4 EL Zuckerrohrsirup

Küchenutensilien:
4 Cocktailgläser
1 Krug

Nährwerte p. P.

65 kcal
13 g Kohlenhydrate
1 g Fett
1 g Eiweiß

1 In einem Krug werden die Teebeutel mit 500 ml kochendem Wasser übergossen. Das Ganze zieht etwa 7 Minuten durch. Folglich werden die Teebeutel ausgedrückt und entnommen. Der Tee kühlt vollkommen aus.

2 Alle restlichen Flüssigzutaten werden mit dem Tee vermischt.

3 Die Gläser mit je 2 Eiswürfeln füllen und mit dem Cocktail auffüllen. Minze waschen, trocknen und deren Blätter abziehen. Sie landen gleich verteilt in den Cocktailgläsern.

ANANAS BLUE | ANANASLAGUNE

6 Port.

12 Std. 45 Min.

Leicht

Zutaten

750 g Ananas
100 g Kokosraspeln
200 ml Schlagsahne
8 cl Kokoslikör (bspw. Batida de Côco)
6 cl Blue-Curaçao-Likör
4 cl weißer Rum
1 Zimtstange
1 Sternanis
1 EL Vollrohrzucker

Küchenutensilien:
6 Dessertgläser
1 Topf
1 Schüssel
1 Schneebesen

Nährwerte p. P.

227 kcal
15 g Kohlenhydrate
17 g Fett
2 g Eiweiß

1 Ananas halbieren und vom Strunk befreien. Sie wird von der Schale getrennt sowie grob gewürfelt. In einem Topf karamellisiert der Zucker. Die Ananasstücke werden folglich beigemengt.

2 Mit dem Rum wird das Ganze abgelöscht. Zimt und Sternanis dazugeben und alles etwas sämig einkochen. Die Gewürze werden anschließend entnommen. Die Masse im Topf kühlt aus.

3 In einer Schüssel wird die Sahne steif geschlagen. 80 g Kokosraspeln untermischen und den Kokoslikör einrühren.

4 In die Dessertgläser wird erst eine Schicht Ananas, dann eine Portion Sahne gegeben. Alles kühlt am besten über Nacht im Kühlschrank.

5 Vor dem Servieren werden die restlichen Kokosraspeln darübergestreut. Das Ganze wird mit dem Curaçao beträufelt.

`TI PUNCH |

LITSCHI-PUNSCH

4 Port.

10 Min.

Leicht

Zutaten

2 kg Litschis (frisch + sehr süß)
30 cl Rum
30 cl Zuckersirup
8 Eiswürfel
4 EL Zitronensaft
1/4 TL Vanilleextrakt

Küchenutensilien:
1 Flotte Lotte (oder 1 feines Sieb)
1 Schüssel

Nährwerte p. P.

140 kcal
30 g Kohlenhydrate
1 g Fett
2 g Eiweiß

1 Litschis von der Schale befreien und den Stein herauslösen. Sie werden durch die Flotte Lotte gepresst.

2 In einer Schüssel werden nun sämtliche Zutaten, bis auf die Eiswürfel, miteinander vermengt. Das Ganze sollte mindestens einen Tag ziehen.

3 Eiswürfel zerstoßen und in die Gläser füllen. Final wird der Punsch aufgefüllt.

RHUM ARRANGÉ | FRUCHTRUM

20 Port.

3 Mo.

Leicht

Zutaten

120 g Vollrohrzucker
60 g Rohrzuckersirup
40 g Honig
40 g Zitronensaft
1 l weißer Rum
5 Passionsfrüchte
2 Vanilleschoten

Küchenutensilien:
2 Flaschen à 750 ml

Nährwerte p. P.

157 kcal
10 g Kohlenhydrate
1 g Fett
1 g Eiweiß

1 Früchte schälen und auskratzen. Sie werden in heiß ausgespülte Flaschen gegeben.

2 Vanilleschote platt drücken und der Länge nach einritzen. Sie landen in den Flaschen.

3 Die restlichen Zutaten gleichmäßig verteilen und alles mit dem Rum aufgießen. Der besondere Rum zieht nun etwa 3 Monate durch. Dabei sollte ab und zu geschüttelt werden.

Tipp: Dieser Rum funktioniert auch mit mehreren Früchten. 2 Mandarinen, 1 Orange, 8 Kumquats, ½ Limette und ½ Grapefruit ergeben einen ganz anderen spritzigen Geschmack.

Soßen, Cremes & Dips

SALSA ROJA |

SCHARFE ROTE SOẞE

6 Port.

25 Min.

Leicht

Zutaten

100 g rote Paprika
125 ml Gemüsebrühe
4 Tomaten
2 rote Chili
1 rote Zwiebel
1 Knoblauchzehe
1 EL Pflanzenöl
Je 1 Prise Salz und Pfeffer
ein paar Spritzer roter Tabasco

Küchenutensilien:
1 Topf

Nährwerte p. P.

28 kcal
2 g Kohlenhydrate
2 g Fett
1 g Eiweiß

1 Knoblauch und Zwiebel schälen. Paprika putzen, vierteln und von Kernen sowie Häutchen befreien. Tomaten waschen, halbieren und von Stielansatz sowie Kernen befreien. Chili putzen, der Länge nach halbieren und nach persönlicher Vorliebe auch deren Kerne entnehmen. Alles wird zu feinen Würfeln verarbeitet.

2 In einem Topf dünsten Zwiebel, Knoblauch und Chili circa 3 - 4 Minuten im heißen Öl an. Paprika sowie Tomaten beimengen und nach 2 Minuten die Brühe angießen.

3 Das Ganze aufkochen und 10 Minuten offen köcheln. Die Salsa wird mit den Gewürzen abgeschmeckt.

LASARY LIMON | EINGELEGTE ZITRONEN

1 Liter

8 Tage

Mittel

Zutaten

1 kg Zitronen (etwa 8 - 10 Stück)
250 ml Weißweinessig
200 ml Zitronensaft
4 rote Chili
2 Knoblauchzehen
1 Zwiebel
1 Stück Ingwer (etwa 2 cm)
1 EL Currypulver
2 TL Meersalz

Küchenutensilien:
4 Einmachgläser à 250 ml
1 Reibe
1 Schüssel
Frischhaltefolie
Backofen

Nährwerte p. P.

88 kcal
18 g Kohlenhydrate
1 g Fett
2 g Eiweiß

1 Zitronen heiß abspülen und abtrocknen. Der gelbe Anteil der Schale wird mittels Reibe in eine Schüssel abgeraspelt. Oben und unten werden die Früchte abgeschnitten. Den Rest der Schale entfernen und die Filets herauslösen. Die Fruchtschnitzel landen beim Schalenabrieb. Der Saft wird dabei separat aufgefangen.

2 Zwiebel schälen und zu dünnen Scheiben verarbeiten. Sie werden mit dem Salz untergemischt. Unter Frischhaltefolie zieht das Ganze nun 24 Stunden. Viermal sollte der Inhalt mindestens umgerührt werden.

3 Chili putzen und zu dünnen Scheiben schneiden. Knoblauch sowie Ingwer schälen und reiben. Zitronensaft, Chili, Ingwer und Knoblauch werden samt Essig und Curry den Zitronen untergemischt.

4 Backofen auf 140 °C Ober- / Unterhitze einstellen. Die Gläser heiß abspülen und abtrocknen. Sie werden in circa 15 Minuten im Ofen vollständig sterilisiert. Zitronenmasse in die Gläser füllen und fest verschließen. Nach 7 Tagen steht das Highlight bereit.

SATINI COCO | KOKOSCHUTNEY

200 g | 25 Min. | Leicht

Zutaten

150 g Kokosfleisch
2 rote Chili
1 Bund Minze
2 EL Wasser
1 EL Pflanzenöl
1 TL Tamarindenpaste
½ TL Meersalz
1 Prise Zucker

Küchenutensilien:
1 Pfanne
1 Standmixer
1 Glas à 200 ml

Nährwerte p. P.

196 kcal
3 g Kohlenhydrate
20 g Fett
2 g Eiweiß

1 In einer Pfanne wird das Kokosfleisch im heißen Öl etwa 3 Minuten angebraten. Die Röstaromen sollen für ein besonderes Aroma sorgen. Die Kokosnuss sollte ebenso leicht gebräunt erscheinen. Sie kühlt nun ab.

2 Minze waschen, trocken schütteln und deren Blätter abzupfen. In einem Standmixer werden folglich alle Zutaten miteinander vermischt und fein püriert. Folglich wird der Aufstrich auf frischem Brot oder zu Speisen verwendet.

PIMENT LIMON |

CHILIPASTE

6 Port.

25 Min.

Leicht

Zutaten

30 g grüne Oliven
300 ml Gemüsebrühe
1 Knoblauchzehe
1 Schalotte
1 grüne Chilischote
1 Bund Frühlingszwiebeln
Saft 1 Zitrone
3 EL Pflanzenöl
Je 1 Prise Salz und Pfeffer
ein paar Spritzer roter Tabasco

Küchenutensilien:
1 Topf

Nährwerte p. P.

63 kcal
2 g Kohlenhydrate
6 g Fett
1 g Eiweiß

1 Schalotte und Knoblauch schälen sowie zu feinen Würfeln verarbeiten. Chili der Länge nach halbieren, deren Kerne entnehmen und ebenso fein würfeln. Frühlingszwiebeln putzen und zu dünnen Ringen zurechtschneiden. Oliven vierteln.

2 In einem Topf wird das Öl erhitzt. Darin dünsten Knoblauch, Zwiebel und Chili etwa 3 - 4 Minuten an. Die Oliven dünsten folglich 2 Minuten mit. Die Brühe angießen und alles 7 - 8 Minuten offen köcheln. Zitrone heiß abspülen, halbieren und in den Topf auspressen.

3 Vor dem Servieren werden die Frühlingszwiebeln untergemischt und alles mit den Gewürzen abgeschmeckt.

SATINI COTOMILI |

KORIANDERCHUTNEY

8 Port. 10 Min. Leicht

Zutaten

30 g Koriandersamen
250 ml Naturjoghurt
2 grüne Chili
1 Knoblauchzehe
3 EL Wasser
1 EL Zitronensaft
½ TL Salz

Küchenutensilien:
1 Standmixer
1 Schüssel

Nährwerte p. P.

23 kcal
2 g Kohlenhydrate
2 g Fett
2 g Eiweiß

1 Chili putzen, nach Belieben entkernen und klein schneiden. Knoblauch schälen und zerkleinern.

2 Koriander, Chili, Knoblauch, Salz und Zitronensaft landen jetzt mit dem Wasser im Standmixer und werden fein püriert.

3 In einer Schüssel wird der Joghurt mithilfe einer Gabel glatt gerührt. Die Gewürzmischung wird folglich unter ihn gerührt.

DIP AU CITRON VERT | LIMETTENDIP

8 Port.

15 Min.

Leicht

Zutaten

300 g Crème fraîche
250 g Kartoffelchips
2 Limetten
1 grüne Pfefferschote
Je 1 Prise Salz und Pfeffer

Küchenutensilien:
1 Reibe
1 Schüssel

Nährwerte p. P.

271 kcal
20 g Kohlenhydrate
20 g Fett
2 g Eiweiß

1 Limette heiß abspülen, abtrocknen sowie mittels Reibe Schalenabrieb erzeugen. Die Zitrusfrüchte werden halbiert. Es werden folglich 3 EL Limettensaft benötigt.

2 In einer Schüssel Schalenabrieb, Saft und Crème fraîche vermischen. Alles salzen, pfeffern und gut durchmengen.

3 Pfefferschote putzen, der Länge nach halbieren und entkernen. Sie wird nun gewürfelt und unter die Creme gemischt. Sie wird zu den Kartoffelchips serviert.

ROUGAIL |

TOMATENCHUTNEY

8 Port. 20 Min. Leicht

Zutaten

250 g stückige Tomaten (etwa 1 Dose)
250 g Chips
60 g Staudensellerie
1 Knoblauchzehe
1 Zwiebel
1 rote Chili
2 EL Pflanzenöl
1 EL mildes Currypulver
1 EL Zucker
Je 1 Prise Salz und Pfeffer

Küchenutensilien:

1 Pfanne
1 Gefrierbeutel
1 Topf

Nährwerte p. P.

190 kcal
20 g Kohlenhydrate
12 g Fett
1 g Eiweiß

1 Knoblauch und Zwiebel schälen sowie zu feinen Würfeln verarbeiten. Sellerie putzen und ebenso fein würfeln. Chili putzen und der Länge nach halbieren. Sie wird entkernt und zu kleinen Würfeln geschnitten.

2 In einer Pfanne dünsten die Zutaten aus Schritt 1 im erhitzten Öl glasig an. Curry sowie Zucker darüberstreuen und 2 Minuten weiterdünsten.

3 Tomaten hinzufügen und alles ein wenig einkochen. Anschließend wird gesalzen und gepfeffert. Der Dip kühlt folglich ab.

4 Vor dem Genießen die Chips in einen Gefrierbeutel stecken und mit einem Topf zerstoßen. Sie werden vor dem Servieren als Crunch unter den Dip gemengt.

SALSA AUX FRUITS |

EXOTISCHE FRUCHTSALSA

6 Port.

45 Min.

Leicht

Zutaten

250 g Ananas
200 g Mango
30 ml Pflanzenöl
2 Kiwis
1 Frühlingszwiebel
½ rote Pfefferschote
¼ Bund Koriandergrün
3 EL trockener Sherry (oder trockener Weißwein)
2 EL Limettensaft
Je 1 Prise Salz, frisch gemahlener Cayennepfeffer und Zucker

Küchenutensilien:
2 Schüsseln
1 Schneebesen

Nährwerte p. P.

110 kcal
9 g Kohlenhydrate
7 g Fett
1 g Eiweiß

1 Oben an der Ananas die Blüte abschneiden. Die Frucht wird geviertelt und deren Strunk entfernt. Das Ananasfleisch zu Würfeln verarbeiten. Mango schälen und längs vom Stein abschneiden und ebenfalls würfeln. Kiwis schälen und zu Würfeln schneiden.

2 Pfefferschote der Länge nach aufschneiden und deren Kerne entfernen. Sie wird ganz fein gewürfelt. Frühlingszwiebel putzen sowie fein hacken. Koriandergrün waschen, trocknen und die abgezupften Blätter hacken.

3 In einer Schüssel werden die bereits vorbereiteten Zutaten miteinander vermengt. Alles gut durchmischen.

4 Sherry und Limettensaft werden folglich in der zweiten Schüssel vermischt. Das Ganze mit Salz, Pfeffer, Zucker und Öl vermengen. Mit dem Schneebesen entsteht ein wundervolles Dressing. Dieses wird über die Fruchtsalsa geträufelt.

RON-Y-VAINILLA |

VANILLE-RUM-SOẞE

10 Port. 30 Min. Leicht

Zutaten

80 g Zucker
500 ml Wasser
250 ml Milch
250 ml Schlagsahne
5 cl brauner Rum
6 Eigelbe
1 Vanilleschote

Küchenutensilien:
2 Töpfe
1 Metallschüssel
1 Schneebesen
1 feines Sieb

Nährwerte p. P.

182 kcal
10 g Kohlenhydrate
13 g Fett
4 g Eiweiß

1 Vanilleschote der Länge nach aufschlitzen und das Mark herauskratzen. In einem Topf kochen jetzt Milch, Sahne und Zucker sowie Vanilleschote und Vanillemark auf.

2 Topf vom Herd nehmen. Die Flüssigkeit kühlt ein wenig ab. Anschließend werden die Eigelbe eingerührt.

3 Das Ganze wird in eine Metallschüssel gegeben. Sie erhitzt über dem zweiten Topf mit dem heißen Wasser. Im Wasserbad wird die Soße mit einem Schneebesen cremig gerührt.

4 Durch ein feines Sieb wird die Sahnesoße passiert. Sie kühlt vollständig aus. Final wird der Rum untergerührt.

BAÑO MOJITO |

MOJITODIP

 6 Port.  30 Min.  Leicht

Zutaten

350 g Tomaten
100 g grüne Paprika
100 g rote Paprika
10 g Kapern
2 Knoblauchzehen
¼ Bund Koriandergrün
2 EL Olivenöl
2 EL Limettensaft
½ TL getrockneter Oregano
Je 1 Prise Salz und Pfeffer

Küchenutensilien:
1 Sieb
1 Topf
1 Schüssel

Nährwerte p. P.

62 kcal
4 g Kohlenhydrate
4 g Fett
1 g Eiweiß

1 Kapern im Sieb abtropfen. Paprika putzen, vierteln sowie von den Kernen befreien. Knoblauch schälen.

2 Tomaten waschen sowie kreuzweise einritzen. Im heißen Wasser tauchen die Tomaten nur etwa 1 Minute ab. Sie werden kalt abgeschreckt. Die Schale wird nun einfach zu lösen sein. Sie werden geviertelt und entkernt.

3 Paprika, Tomaten und Knoblauch würfeln. Koriandergrün waschen, trocknen und mit den Kapern grob hacken.

4 Jetzt werden alle Zutaten in einer Schüssel miteinander vermischt.

CREMA DE AGUACATE | AVOCADODIP

10 Port.

30 Min.

Leicht

Zutaten

250 g Avocado (etwa 3 Stück)
1 rote Pfefferschote
4 EL Limettensaft
Je 1 Prise Salz und Pfeffer
1 Msp. gemahlener Kreuzkümmel

Küchenutensilien:
1 Schüssel
1 Stabmixer

Nährwerte p. P.

126 kcal
1 g Kohlenhydrate
13 g Fett
1 g Eiweiß

1 Avocados schälen, vom Stein lösen und die Hälfte des Avocadofleisches zu groben Stücken zurechtschneiden. Sie werden mit dem Stabmixer in einer Schüssel mit dem Limettensaft direkt püriert.

2 Die restliche Avocado zu circa 1 cm großen Würfeln verarbeiten. Sie werden dem Püree untergemengt.

3 Pfefferschote putzen, der Länge nach halbieren und deren Kerne entnehmen. Sie wird zu feinen Würfeln geschnitten. Sie landen mit den Gewürzen im Dip. Alles gut durchmischen.

SAUCE CRÉOLE |

KREOLISCHE SOßE

6 Port. 1 Std. 20 Min. Leicht

Zutaten

150 g Stangensellerie
2 grüne Chili (oder Peperoncini)
2 grüne Oliven (entsteint)
1 Zwiebel
1 Knoblauchzehe
5 EL Tomatenpüree
4 EL Wasser
3 EL Limettensaft
1 TL Salz

Küchenutensilien:
1 Schüssel

Nährwerte p. P.

26 kcal
4 g Kohlenhydrate
1 g Fett
1 g Eiweiß

1 Sellerie putzen und klein schneiden. Chili putzen, der Länge nach halbieren und deren Kerne entfernen. Sie werden fein gehackt. Zwiebel schälen und fein hacken. Knoblauchschälen sowie leicht anpressen. Auch er wird klein geschnitten. Oliven zu feinen Stücken verarbeiten.

2 In einer Schüssel Wasser, Tomatenpüree und den Limettensaft verrühren. Dahinein landen die Zutaten aus Schritt 1. Alles gut durchmischen und 1 Stunde im Kühlschrank lagern.